父母会沟通 孩子才肯听

〔美〕海姆·G.吉诺特◎著

贾玉洁◎译

民主与建设出版社
·北京·

© 民主与建设出版社，2024

图书在版编目（CIP）数据

父母会沟通，孩子才肯听 ／（美）海姆·G.吉诺特著 ；

贾玉洁译 . -- 北京 ：民主与建设出版社，2025. 1.

ISBN 978-7-5139-4817-3

Ⅰ . G78

中国国家版本馆 CIP 数据核字第 2024QE8922 号

父母会沟通，孩子才肯听
FUMU HUI GOUTONG HAIZI CAI KENTING

著　　者	〔美〕海姆·G.吉诺特	
译　　者	贾玉洁	
责任编辑	刘　芳	
封面设计	吕荣华	
出版发行	民主与建设出版社有限责任公司	
电　　话	（010）59417749　59419778	
社　　址	北京市朝阳区宏泰东街远洋万和南区伍号公馆 4 层	
邮　　编	100102	
印　　刷	定州启航印刷有限公司	
版　　次	2025 年 1 月第 1 版	
印　　次	2025 年 3 月第 1 次印刷	
开　　本	710 毫米 ×1000 毫米　　1/16	
印　　张	13.75	
字　　数	176 千字	
书　　号	ISBN 978-7-5139-4817-3	
定　　价	58.00 元	

注：如有印、装质量问题，请与出版社联系。

致 谢

感谢阅读我的手稿并提出批评和建议的各位朋友以及同事：拉尔夫·德尔格博士、苏·祖哈尔·德沙、比·利维斯顿博士，还有亚瑟·奥格尔、帕特里夏和霍华德·珀尔，以及安格拉·波德卡梅尼和罗莎琳德·维纳。特别感谢贝蒂·考夫曼的帮助和鼓励。感谢斯坦利·斯皮格尔博士在我开始写这本书时给予我的帮助。最后，对那些与我分享感受和经历的父母，我要向他们致以崇高的敬意。

海姆·G.吉诺特

前 言

　　没有哪个父母早上一醒来，就计划着让孩子的生活变得痛苦不堪，也没有哪个妈妈会对自己说："今天只要有可能，我就要对着孩子大喊大叫、唠唠叨叨。"恰恰相反，许多妈妈每天早晨都会暗暗下定决心："今天会是平静的一天，不许大喊大叫、不许争吵、不许打架。"然而，尽管她们的出发点很好，但这场不想发生的"战争"还是爆发了。父母会发现，自己又一次说了一些并非出自本意的话，做了一些自己都不喜欢的事。

　　所有的父母都希望自己的孩子平安快乐，没有哪个父母会有意让自己的孩子变得怯懦、害羞、不体贴或令人讨厌。然而，在成长的过程中，有的孩子会形成一些不良的性格特征，无法获得安全感，没有学会尊重自己和他人。父母希望孩子有礼貌，他们却很粗鲁；父母希望孩子干净整洁，他们却邋里邋遢；父母希望孩子自信，他们却很自卑；父母希望孩子快乐，他们却并不开心。

　　本书旨在帮助父母确定与孩子有关的目标，并提出了实现这些目标的建议和方法。要知道，父母面对的是一些具体的问题，需要具体的解决方案，那些"给孩子更多的爱""给他更多的关注""给他更多的陪伴"等建议，实际上对父母并没有什么帮助。

因此，在过去的 15 年中，我们一直与父母和孩子一起进行个人和团体心理治疗以及开展育儿研讨会，本书就是这些经验的成果。这是一本实用指南，为父母面对的孩子的日常情况和遇到的心理问题提供了具体的建议和首选的解决方案。本书在给出具体建议的同时，也给出了一些基本沟通原则，能够指导父母与孩子在相互尊重的前提下友好相处。

目　录

第一章

与孩子沟通的密码

孩子问题背后隐藏的意思

与孩子交流是一门独特的艺术，有着自己的规则。在交流时，孩子的话并不像听起来那么天真幼稚，他们话中的信息通常犹如密码一样，需要父母破译。

10岁的安迪问他的爸爸："哈林区 ① 有多少被遗弃的孩子？"

安迪的爸爸是一位研究化学的知识分子，他看到儿子对社会问题感兴趣非常高兴。他就这个问题长篇大论地讲了很多，还查了相关数据。但安迪还是不满意，他不停地问着同样的问题："纽约市有多少被遗弃的孩子？美国呢？美洲呢？全世界呢？"

安迪的爸爸这才意识到，安迪关心的不是社会问题，而是个人问题。他的这些问题，与其说是出于对被遗弃儿童的同情，倒不如说是出于对被遗弃的恐惧。他不是想要知道被遗弃儿童的具体数量，而是要确信自己不会被遗弃。

5岁的布鲁斯第一次去幼儿园时，妈妈陪着他。他看着墙上的画，大声问道："这些难看的画是谁画的？"

妈妈很尴尬，她不满地看着儿子，赶紧跟他说："这些画很漂亮，

---

① 哈林区：位于纽约市曼哈顿北部地区。——译者注

你却说它们难看，这很没礼貌。"

老师明白了这个问题的意思，笑着说："在这里，你不用画太漂亮的画，如果你喜欢，也可以画难看点的画。"布鲁斯的脸上绽放出灿烂的笑容，他话里隐藏的问题是："画得不好的男孩会怎么样呢？"现在他找到了答案。

接着，布鲁斯又捡起一辆坏了的玩具消防车，装模作样地问："谁把这辆消防车弄坏了？"妈妈回答说："谁弄坏的跟你有什么关系？你在这儿谁也不认识。"

布鲁斯并不是真对谁的名字感兴趣，他是想知道弄坏玩具的男孩会怎么样。老师明白了他这个问题的意思，于是给了一个恰当的答案："玩具是用来玩的，有时会坏掉，这种情况时有发生。"

布鲁斯看起来很满意，他的"采访技巧"让他获取了必要的信息："这个大人很不错。即使画的画很丑，或者把玩具弄坏了，她也不会马上生气。我不用害怕，待在这儿很安全。"布鲁斯跟妈妈挥手告别，然后走到老师跟前，开始了他在幼儿园第一天的生活。

12岁的卡洛尔很焦虑，眼里满是泪水。她最喜欢的表妹在和她一起过完了整个暑假后，就要回家了。

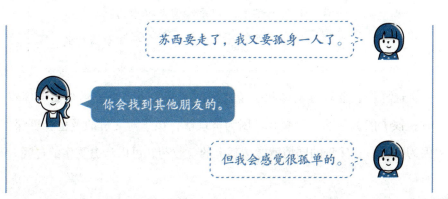

会好起来的。

唉，妈妈！

你都12岁了，还这么爱哭。

卡洛尔气呼呼地瞪了妈妈一眼，然后跑回了自己的房间，随手关上了门。

这个小插曲本应该有一个更快乐的结局。父母要认真对待孩子的感受，即便这件事本身并不是很严重。在妈妈的眼中，夏天的分离也许是件微不足道的小事，根本不值得流泪，但她的回应缺乏同情心。妈妈应该对自己说："卡洛尔很难过，我得尽可能地帮助她，让她知道我理解她的苦恼。"她可以对女儿说下面这几句话：

- 没有苏西会很寂寞的。
- 你已经开始想她了。
- 你们习惯在一起了，分开的确是挺难的。
- 没有苏西在身边，你一定觉得这房子都空荡荡的。

这样说，会增进父母和孩子之间的亲密关系。当感到被父母理解时，孩子的孤独感也会减轻。因为被理解，孩子对父母的爱也会更深，因为她明白，父母的同情就像情感上的急救药，可以治愈受伤的自我。

无意义的交流

父母在和孩子交流时常会感到沮丧，因为有时交流没有任何效果。比如，下面这段特别经典的交流场景就说明了这一点。

父母试图保持理性，但很快就会发现，这可真是累人啊。正如一位妈妈所说："我试着跟孩子讲道理，气得面色发青，可他就是不听。只有在我尖叫的时候，他才能听见我的话。"

孩子有时抗拒与父母交流，他们讨厌被人说教、训斥和批评，他们有时觉得父母话太多了。8岁的大卫对妈妈说："我问你一个小问题，你为什么要回答我这么多？"他向朋友们坦言："我什么都不告诉妈妈，如果我一和她说话，就没有时间玩了。"

一个对亲子关系感兴趣的观察者如果在无意中听到父母和孩子之间的谈话，就会惊讶地发现，谈话双方都很少听对方说话。这段亲子交流听起来就像是两个人在自说自话，一个人在批评和发出指示，另一个人则是在否认和恳求。这种"沟通"不在于缺乏对孩子的爱，而在于缺乏尊重；不在于缺乏智慧，而在于缺乏技巧。

要和孩子进行有意义的交流，只依靠日常语言还不够。为了更深入地理解孩子，减少交流时的挫败感，父母需要一种与孩子相处的新模式，包括与他们交流的新方式。

与孩子交流沟通的新准则

与孩子交流沟通的新准则，是以尊重和技巧为基础的。这就要求：

（1）表达出的信息内容，要维护孩子的自尊心，也要维护父母的自尊心；

（2）先要表示理解，再给出建议或指导。

9岁的埃里克怒气冲冲地回到家。他们班原本安排好了去野餐，但是天气不好，突然下起雨来。

妈妈决定换一种方式来处理这个问题，于是一改过去只会让事情变得更糟的那套说法："由于下雨取消了野餐，哭也没有用的。""以后还有其他机会可以玩。""你也知道，又不是我让天下雨的，你为什么要生我的气？"

她自言自语地说："我儿子对错过野餐非常不满，很是失望。他通过愤怒来表达失望，想让我明白他的感受。他有权拥有自己的情感，我能理解、尊重他的感受，就是对他最好的帮助。"她和埃里克交流起来——

沉默了一会儿，埃里克说："哦，好吧，以后还会有别的机会的。"

他的怒气似乎消失了，整个下午他都很配合。通常，当埃里克生气地回家时，全家都会很不高兴，他迟早会激怒家里的每一个人。直到深夜他终于睡着了，家里才恢复平静。

这种新方式有什么特别之处，又有哪些可取之处呢？

当孩子处于激动情绪中时，根本就听不进任何人的话。他不会接受建议、安慰或批评。他想让父母理解他，想让父母明白，在那种情况下，他内心的感受是什么样的。此外，他希望被理解，而不用透露他经历了什么事。这就像一个游戏，他只透露了一点点自己的感受，其余的都需要父母猜测。

如果孩子告诉父母："老师罚我了。"不用问他更多的细节，也不需要说："你做什么了，竟然值得老师这样做？""如果老师罚了你，一定是你做错了什么事。你做什么了？"父母甚至也不用说："哦，我很同情你。"只要让他知道，父母理解他的痛苦、尴尬和愤怒的感觉。

怎么知道孩子的感受呢？父母要看着他、听他说话，也可以借鉴自己的情感经历。当一个孩子在同龄人面前被批评时，他会有什么感受？用恰当的措辞让孩子知道，父母理解他所经历的一切。采用以下任何一种说法都可以：

> ·那一定非常尴尬。
>
> ·你一定很生气吧。
>
> ·你一定很伤心吧。
>
> ·对你来说，今天真是糟糕透了。

当孩子被告知"那样的情绪很不好"，或者父母试图说服孩子"你不应该那样想"时，孩子那种激烈的情绪并不会消失。激烈的情绪不会自己消失不见，当听的人用同情和理解的态度接受这种情绪时，情绪的激烈程度才会减弱，尖锐的棱角才会消失。

这一说法不仅适用于儿童，也适用于成年人。正如父母讨论小组的讨论所示：

> 主持人：假设这是一个似乎所有事情都出错的早晨。电话铃响了，宝宝哭了，你还没反应过来，面包就烤焦了。你的丈夫看着烤面包机说，老天爷！你什么时候才

　　　　　　　能学会烤面包？！你会作何反应？

A 夫人：我会把面包扔到他脸上！

B 夫人：我会说，你自己去烤面包吧！

C 夫人：我会伤心得哭出来。

主持人：丈夫的话会让你对他有什么感觉？

小组成员：愤怒、怨憎、愤恨。

主持人：你会准备再做一份烤面包吗？

A 夫人：要是我能在里面放点毒药就好了！

主持人：当他去工作的时候，打扫房子容易吗？

A 夫人：不，那样一整天都被毁了。

主持人：假设情况是这样的，烤面包烤焦了，但是你丈夫看
　　　　了看情况说，亲爱的，你今天早上真倒霉——孩子
　　　　哭着、电话响着，现在面包还烤焦了。

A 夫人：如果我丈夫对我这么说，我会幸福死的！

B 夫人：我会感觉很美妙。

C 夫人：我会感觉非常好，去拥抱他、亲吻他。

主持人：为什么呢——宝宝还在哭，面包还是烤焦了啊？

小组成员：那都不重要了。

主持人：有什么不同呢？

B 夫人：你很感激他没有批评你，他和你站在一起，而不是
　　　　和你作对。

主持人：当你丈夫去工作的时候，打扫房子会很困难吗？

C夫人：不！我会哼着歌干活。

主持人：现在我来跟你们说说第三种丈夫。他看着烤焦的面包，平静地对你说，亲爱的，我来教你怎么烤面包。

A夫人：哦，不。他比第一个更坏，让你觉得自己很蠢。

主持人：让我们来看看，这三种不同的烤面包处理方式如何应用到我们处理孩子的问题上。

A夫人：我明白你的意思了。我总是对我的孩子说，你已经长大了，应该知道这个，也应该知道那个。这一定会使他暴跳如雷，情况通常也是如此。

B夫人：我总是对我儿子说，亲爱的，让我告诉你怎么做这个或那个。

C夫人：我已经习惯了被批评，这对我来说是很自然的事。我说的话和我小时候我妈妈对我说的话一模一样。我从来没有做对过任何事，她总是让我把事情重新做一遍。

主持人：现在你发现自己对女儿说了同样的话？

C夫人：是的。我一点儿也不喜欢这样做的自己。

主持人：你正在寻找更好的方式与孩子交流。

C夫人：是的，我确定！

主持人：让我们来看看，我们能从烤面包的故事中学到什么，是什么帮助我们把刻薄的感觉变成了爱的感觉呢？

B夫人：有人理解你。

C夫人：没有人责备你。

A夫人：没有人非得要指导你。

这个小片段，说明了语言产生敌意或幸福的力量。这个故事的寓意是，父母的反应（言语和感觉）会对家庭气氛产生决定性的影响。

实用的对话原则

当孩子讲述或询问一件事时，父母最好的回应，往往不是对这件事本身，而是对其中隐含的关系。

6 岁的弗洛拉抱怨，最近她收到的礼物比哥哥少。妈妈没有否认她的抱怨，也没有解释，哥哥年纪大，理应得到更多，更没有承诺会改变这一做法。她知道，比起礼物的大小和数量，孩子更关心他们与父母关系的密切程度。妈妈说："你想知道我是不是像爱他一样爱你？"她二话不说就拥抱了女儿，女儿脸上露出惊喜的微笑。这场可能会变成无休止争论的谈话就此结束了。

当孩子讲述一件事时，有时最有用的不是对这件事做出回应，而是要回应孩子对这件事的感受。7 岁的格洛莉娅回家时很沮丧。她跟妈妈说，她的朋友多莉被人从人行道上推到了一个满是雨水的阴沟里。妈妈没有询问更多的细节，而是回应了女儿的感受。

- 你一定很难过。
- 你对做这件事的人很生气。
- 你还在生他们的气。

对妈妈的这些说法，格洛莉娅回答得很坚定："是的！"妈妈问她："你害怕他们也会这样对你吗？"格洛莉娅回答："让他们试试，我要把他们一起拖下水，那可就要水花四溅了！"她开始笑她脑海里出现的拖曳和水花飞溅的画面。这次对话原本可能会变成关于自卫方法的无用说教，就这样有了一个圆满的结局。

当孩子怀揣着一大堆对朋友、对老师或是对自己生活的抱怨回到家时，父母最好回应他的感受，而不要尝试核实事情真相。

10岁的哈罗德回到家时，脾气暴躁，满腹牢骚。

我活得可真惨啊！老师说我是个骗子，就因为我告诉她我忘了带家庭作业，她就嚷起来了。我的天哪，她大喊大叫着，还说会再给你写信。

你今天过得很不顺啊！

说得太对了。

当着全班同学的面被说成骗子，一定很尴尬吧？

确实是。

我敢打赌，你心里一定很希望她能倒霉吧？

哦，是啊！你是怎么知道的？

有人伤害了我们的时候，我们通常是这样想的。

那我就放心了。

当孩子评价自己时，最好的回应不是同意或不同意，而是用细节向孩子传达一种超乎他们预期的理解。

当孩子说"我不擅长算术"时，如果跟他说："是啊，你的算术很糟糕。"根本无济于事。反驳他的观点或提供廉价的建议"你多学学就好了"也没什么帮助，这种敷衍的帮助只会伤害他的自尊心，而随后而至的教训则只会打击他的信心。

父母可以用认真和理解来回应他说的这句"我不擅长算术"，以下任何一句话都可以用来回应。

- 算术不是一门容易学的学科。
- 有些问题是很难搞清楚的。
- 老师的批评并不能让事情变得容易些。
- 他让你觉得自己很蠢。
- 我打赌，你一定想让这一个小时赶紧过去。
- 当一切结束时，你才会觉得更好些。
- 考试的时候一定特别难熬吧？

- 你一定很担心不及格吧？
- ……担心我们会怎么想。
- ……很怕我们会对你失望。
- 我们知道有些科目并不容易。
- 我们相信你会尽最大努力的。

一个 12 岁的男孩说，他带着一张不及格的成绩单回到家，爸爸这么理解他，他几乎要"晕倒"了。他内心想着："我一定不能辜负爸爸对我的信任。"

几乎每个父母都听到过自己的孩子说："我很笨。"父母知道自己的孩子不可能笨，便开始说服他，让他相信自己很聪明。

你怎么知道他是怎么想的？

他是这么跟我说的。

是吗？那他为什么一直叫我笨蛋？

他只是在开玩笑。

我很笨，我知道，看看我在学校的成绩。

你只要再努力一点儿就行了。

我已经努力学习了，但是没有用。我没有脑子。

我知道你很聪明。

我知道我很笨。

你不笨！

不，我很笨！

你不笨，笨蛋！

当一个孩子宣称自己愚蠢、丑陋或很坏时，无论父母说什么、做什么都不会立即改变他的自我认知。一个人对自己根深蒂固的看法很难直接改变。就像一个孩子对他爸爸说的："爸爸，我知道你是好意，但我还没傻到会相信你说我很聪明的地步。"

当孩子表现出对自己的负面看法时，父母的否认对他并没有什么帮助，只会让他更加坚持自己的看法。父母能提供的最好的帮助，就是向他表明，父母不仅能理解他的所有感受，还能理解其中暗含的深意。

我很笨。

你真的这么想吗？你不觉得自己很聪明吗？

不。

那你心里很苦恼吧？

是的。

在学校里，你一定经常会觉得害怕吧？害怕会失败，怕会得低分。老师叫你回答问题的时候，你会很惶恐，即使知道答案，也害怕不正确。你怕自己的话听起来荒谬可笑，怕老师会批评你，怕同学会嘲笑你。所以，很多时候，你宁可什么也不说。我猜，你一定还记得某个时刻说了什么话被他们嘲笑，这让你觉得自己很愚蠢，又伤心，又生气。（这时，孩子可能会告诉你一些自己的经历。）

你瞧，儿子！在我眼里你是一个很好的人，但是你对自己有不同的看法。

　　这样的对话可能不会立即改变孩子对自己的评价，但可能会在他心中埋下怀疑自己缺乏信心的种子。他可能会想："如果爸爸理解我，觉得我是个很不错的人，也许我并不是那么一无是处。"这样的交流产生的亲密感，可能会引导孩子努力不辜负爸爸对他的信任。

　　当孩子说"我从来没有什么好运气"时，任何争论或解释都改变不了他的看法。父母提到的每一个幸运的例子，他都会用其他不幸事件来予以反驳。父母能做的，就是告诉他，父母能多么深刻地理解那些引导他形成这种看法的感受。

我从来就没有过什么好运。

 你真这么觉得吗？

是的。

 所以当你玩游戏的时候，你心里会想，我运气不好，不会赢的。

对，我就是这么想的。

 在学校，如果你知道答案，你就会想，今天老师不会叫我回答了。

不错。

 如果你没有做家庭作业，你就会想，今天老师要叫我了。

是的。

我猜你可以给我举出更多的例子。

当然，例如……（孩子举例子。）

 我觉得你对运气的看法很有意思。如果发生了什么你觉得是坏运气或者是好运气的事，记得告诉我，咱们讨论讨论。

这段对话可能不会改变孩子对自己运气不好的看法，不过，这可能会让他明白，他能有这样一位通情达理的妈妈，是多么幸运。

矛盾的心理表达

　　孩子对父母、老师和所有权威人士都有着双重态度。父母很难接受生活中存在这种矛盾的态度，他们自己不喜欢这样，也不能容忍孩子这样做。他们认为用两种态度对待别人，尤其是对待自己的家人，这本身就是错误的。

　　父母应该学会接受自己和孩子身上存在的矛盾情绪。为了避免不必要的冲突，我们需要让孩子知道这种感觉是正常的而且是自然的。孩子承认并表达矛盾情绪，可以减轻内疚和焦虑心理。

> ·你对你的老师似乎有两种态度：既喜欢又不喜欢。
>
> ·你对你哥哥似乎有两种感觉：你钦佩他，但也讨厌他。
>
> ·你对这个问题有两种想法：你想去露营，但也想待在家里。

　　冷静、不加批判地对孩子的矛盾心理进行陈述，这对孩子很有帮助，因为这向他们传达了一种信息：即便是他们"复杂"的感受，父母也并非无法理解。就像一个孩子说的那样："如果我复杂的感受能被理解，它们也就不那么复杂了。"反之，像下面这样的话就是毫无帮助的："孩子，你想法太混乱了！前一分钟你还喜欢你的朋友，后一分钟你又讨厌他了。如果你有决心的话，就赶紧确定一个想法吧。"

对人类现实的复杂看法考虑到这样一种可能性：有爱就有恨，有羡慕就有嫉妒，有奉献就有索取，有安心就有忧虑。要认识到，所有的感情，不管是积极、消极还是矛盾的都是合理的，这需要大智慧。

要从内心接受这样的观念并不容易。父母接受的启蒙教育和成人教育都使他们更倾向于相反的观点。父母之前也一直被教导，消极的情绪是"不好的"，不应该被感受到，或者应该为此感到羞耻。新的科学理念则指出，只有真实发生的行为才能被判定为"坏"或"好"，想象中的行为则不能；只有行为才能受到谴责或赞扬，感情不能也不应该受到谴责。

情绪是人类遗传基因的一部分。鱼会游，鸟会飞，人会感受。人们有时快乐，有时不快乐。在生活中，人们会感到愤怒和恐惧、悲伤和快乐、贪婪和内疚、欲望和蔑视、喜悦和厌恶。人们虽然不能自由选择内心产生的情绪，但可以自由选择用何种方式、在什么时候表达情绪，只要能够清楚内心是什么情绪。而这正好就是问题的症结所在——有的人被教育得搞不清楚自己的感受是什么。他们感到憎恨时，却被告知只是不喜欢；他们感到害怕时，却被告知没什么好害怕的；他们感到疼痛时，却被建议要勇敢、要保持微笑。

要用什么来代替这种伪装呢？用真相。情感教育可以帮助孩子了解自己的感受。对孩子来说，知道感受是什么情绪，比知道为什么会有这种感受更重要。清楚地知道自己的感受，孩子就不会再感到内心"一片混乱"。

成为反射情绪的镜子

　　要怎样才能帮助孩子了解自己的感受呢？父母充当他反射情绪的镜子就可以做到这一点。孩子通过在镜子中看到的形象，就能了解自己的外貌；通过父母对他感受的反应，就能了解自己的情绪。

　　镜子的功能就是把形象如实映射出来，而不会对优点或缺点进行修饰。人们不想听镜子说："你看起来很糟糕，眼睛充血，脸庞浮肿，总之一团糟，你最好能为自己做点儿什么。"在这样的镜子面前暴露过几次之后，人们就会躲避着它。人们想从镜子里得到的，是一个真正的形象，而不是说教。人们可能不喜欢自己看到的形象，但宁愿由自己来决定下一步会采取的措施。

　　反射情绪的镜子的功能，是不失真地反映情绪的本来面目。

> ・看来你很生气。
>
> ・听起来你很讨厌他。
>
> ・看来你对整个安排都很反感。

　　对于有这种感受的孩子来说，这些话清楚地表达了他的感受，这才是最有帮助的。

　　无论是普通的镜子还是反射情绪的镜子，清晰的形象为自我修饰和改变提供了机会。

第二章

更好的表扬和批评方式

表扬对孩子来说
不再是好事了吗

感恩节的周末后，星期一清晨时分，打电话来的女人听起来急得发狂。"麻烦您帮我想办法解决这个问题。"她说，"我们全家都在车里。我们驱车400英里，从匹兹堡前往纽约。在车的后座上，伊万表现得像个天使，安静地沉思着。我心想：'他应该得到表扬。'我们刚进入林肯隧道，我就转过身对他说：'伊万，你真是个好孩子。你表现得很好，我为你感到骄傲。'"

"一分钟后，天塌了下来。伊万拿出烟灰缸，把里面的东西撒了我们一身。烟灰、烟头和烟雾不断冒出来，就像是核辐射尘埃。我们在隧道里，交通拥堵，我们都被呛得喘不过气来。我真想杀了他。要不是周围还有其他车辆，我早就当场把他杀了。最让我恼火的是，我刚才那么真诚地表扬了他。难道表扬对孩子来说不再是好事了吗？"

几周后，伊万自己透露了当时事情发生的原因。一路上，他都在想着要如何摆脱他的弟弟，弟弟坐在车前排位置，正紧紧地依偎在爸爸妈妈中间。终于，他想到了一个主意，如果他们的车被刀从中间切割开，他和爸爸妈妈都会很安全，但弟弟就会被切成两半。就在这时，妈妈夸奖他表现得很好。这种表扬让他感到内疚，他极力想要证明自己不配得到这样的表扬。他环顾四周，看到了烟灰缸，然后就有了那样的行为。

表扬成就还是表扬个性

人们通常认为，表扬能增强孩子的自信心，使孩子感到安全。事实上，表扬还可能会导致紧张和不良行为。为什么呢？有的孩子时不时地会对家庭成员产生破坏性的想法。当父母告诉孩子"你是个好孩子"时，他可能无法接受，因为他对自己的看法与父母的称赞大相径庭。在他自己眼里，他刚刚还希望妈妈嘴上有个拉链可以封住她的嘴，或者希望自己的兄弟下周末能住院，这时的他就不可能是个"好孩子"。实际上，他被表扬得越多，就会越做出一些不良行为来展示他"真实的一面"。父母发牢骚说，刚表扬了孩子举止得体，他就开始行为狂野，好像是要反驳他们的表扬。很可能，"调皮捣蛋"就是孩子对自己公众形象表达保留意见的一种方式。

这是否意味着表扬已经过时了？并不是。然而，这也确实意味着，表扬就像药物一样，不能随意使用。

对于药物的使用有一些规则和注意事项，比如，用药时间和剂量的限制，以及对可能出现的过敏反应的注意事项。对于情感药物的使用也有类似的规则。最重要的一条规则是，表扬只针对孩子的努力和成就，而不要表扬他的品格和个性。

当孩子打扫院子时，父母可以很自然地夸他干活很辛苦，院子看起来很整洁。但是夸他有多好就完全不相干，也不恰当。赞美之词应该反映孩子的现实成就，而不是塑造理想的个性形象。

下面的例子说明了什么才是理想的表扬方式。8 岁的吉姆把院子打扫得很干净，他把落叶耙起来，把垃圾移走，还把工具重新整理摆放好。妈妈深受感动，对他的努力和劳动成果表示赞赏：

院子太脏了，我没想到一天之内就能清理干净。

我做到了！

里面全是树叶、垃圾和其他东西。

我都打扫干净了。

干得好！

是啊，确实是。

现在院子这么干净，看着真让人心情舒畅。

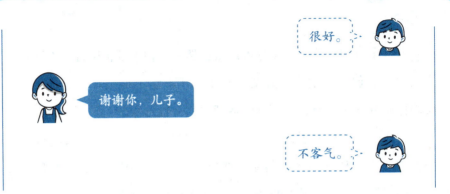

妈妈的话让吉姆为自己的努力感到高兴，为自己的成就感到自豪。那天晚上，他迫不及待地等着爸爸回家，好让爸爸看看他打扫得干干净净的院子，再一次体会到自己圆满完成任务的自豪感。

相比之下，下面这些对孩子个性的表扬是毫无帮助的：

> ·你真是个了不起的孩子。
>
> ·你真是妈妈的小帮手。
>
> ·没有你妈妈该怎么办？

这些话可能会引发孩子的焦虑。他可能会觉得自己离"优秀"还差得很远，无法达到这个标准。因此，与其惶恐地等着被人揭穿自己是个"骗子"，他可能会决定通过不良行为，来立即减轻自己的思想负担。

对个性直接进行表扬，就像直射的阳光一样，会让人不舒服，也是很盲目的。对一个人说他很棒、像天使一样、慷慨、谦逊，这是很令人尴尬的。他会觉得至少有必要否认一部分赞美之词。在公开场合，他不能站起来说："谢谢你，我接受你的表扬，我确实很优秀。"在私下里，他也必须拒绝这样的赞美之词。他无法很坦诚地对自己说："我很棒！我善良、坚强、慷慨、谦逊。"

　　他可能不仅会拒绝表扬，还会对那些称赞过他的人重新考量："如果他们觉得我这么优秀，那他们就一定不怎么聪明。"

对孩子的表扬和孩子听完后的结论

表扬分为两部分：对孩子的表扬和孩子听完后的结论。表扬应该清楚地说明，父母欣赏孩子的努力、工作、成就、帮助、关心或创作。父母表扬的方式应该让孩子从中总结出自己的真实性格。父母的表扬应该像一块神奇的画布，让孩子情不自禁地在上面描绘出自己的正面形象。

10岁的肯尼帮爸爸装修地下室，在这个过程中，他需要搬动那些沉重的家具。

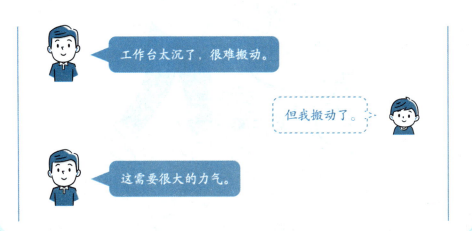

工作台太沉了，很难搬动。

但我搬动了。

这需要很大的力气。

我很强壮。

在这个例子中，爸爸只是评价了任务的难度，孩子自己根据这个评价得出了个人能力的结论。如果爸爸对他说："儿子，你很强壮。"肯尼可能会回答："不，我不强壮，我们班有比我更强壮的男孩。"随后可能会发生一场激烈而徒劳的争论。

下面的例子说明了有效的表扬和无效的表扬：

> 有效的表扬：谢谢你把车洗了，看起来又像新的一样了。
>
> 可能的结论：我做得很好，我的劳动受到了赞赏。
>
> （无效的表扬：你是一个天使。）
>
> 有效的表扬：我很喜欢你的慰问卡，很漂亮，也很风趣。
>
> 可能的结论：我的品位很好，我可以相信自己的选择。
>
> （无效的表扬：你总是这么体贴。）
>
> 有效的表扬：你的诗写出了我的心声。
>
> 可能的结论：我很高兴我能写诗了。
>
> （无效的表扬：就你这个年龄段而言，你算是一个优秀的诗人了。）

有效的表扬：你做的书柜看起来好漂亮。

可能的结论：我很能干。

（无效的表扬：你真是个好木匠。）

有效的表扬：你的信给我带来了极大的快乐。

可能的结论：我可以给别人带来快乐。

（无效的表扬：你在写信方面真是太棒了。）

有效的表扬：非常感谢你今天都我洗了碗。

可能的结论：我很乐于助人。

（无效的表扬：你做得很好。）

有效的表扬：谢谢你告诉我给你的钱多了，真是太感谢你了。

可能的结论：我很高兴我是诚实的人。

（无效的表扬：你真是个诚实的孩子。）

有效的表扬：你的作文让我看到了一些新想法。

可能的结论：我可以原创。

（无效的表扬：你在同年级的学生中写得很好。当然，你还有很多东西要学。）

　　这些描述性的陈述和孩子积极的结论是心理健康的基石，孩子会通过父母的话得出自己的结论，之后还会默默地对自己重复。孩子内心不断对真实、正面的结论进行复述，在很大程度上，这决定了他会对自己和周围的一切抱有积极的看法。

批评是指导意见
还是破坏性批判

批评在什么时候具有指导性，在什么时候又具有破坏性呢？指导意见只针对存在的问题提出解决方案，而不会针对孩子性格发表任何负面评论。

10 岁的拉里一不小心把牛奶洒到了餐桌上。

你已经长大了，该知道怎么拿杯子了！我告诉过你多少次了，要小心！

他做不到的——他总是笨手笨脚，过去就这样，以后还会这样。

拉里打翻的牛奶价值 5 美分，但随之而来的刻薄话让他丧失了信心，对孩子的信心来说，这次事故的代价要比牛奶的价值大多了。事

情出了差错，这时候并不是教导犯错者改正的好时机。出了事情，最好只处理事情，而不要针对人。

8 岁的马丁不小心把牛奶洒到了桌子上，妈妈平静地说："我看到牛奶洒了，需要再给你拿杯牛奶，还要再拿块海绵。"妈妈起身把牛奶和海绵递给儿子。马丁松了口气，难以置信地抬头看着她，喃喃地说："啊，谢谢妈妈。"他在妈妈的帮助下，收拾干净了桌子。

妈妈并没有刻薄地嘲讽或者说些没用的忠告。她说："我本想说'下次小心点'，可是看到他对我善意的沉默那么感激，就什么也没说。在过去，因为打翻牛奶就哭个没完，会破坏一整天的好心情。"

孩子犯错后父母的反应

在一些家庭中，父母和孩子之间的争吵是有规律可循、可以预见的。孩子做错了什么事，或者说错了什么话，父母下意识地做出一些反应，孩子回以更糟的言行，父母再尖厉地高声呵斥，或者采用严厉的惩罚措施来反击，于是，一场混战就此开始。

9 岁的纳撒尼尔正在玩空茶杯。

你会把它打碎的，你总是打碎东西。

不，才不会。

就在这时，杯子掉在地上摔碎了。

真是的，你真是太笨了！你把家里的东西都弄坏了。

这是对妈妈权威的直接挑战，她勃然大怒。不用说，这件事让全家人都心烦意乱，那天晚上全家没有一个人能睡安稳。

纳撒尼尔是否学会了不再玩空茶杯并不重要，重要的是他从自己和妈妈身上得到了负面教训。问题是，这场冲突有必要吗？争斗是不可避免的吗？或者有更明智的方法来处理这类事件吗？

看到儿子在玩杯子，妈妈可以把杯子拿走，然后引导他找一个更适合玩的东西替代，比如，换成一个球；或者，在杯子碎了的时候，她可以帮助儿子处理杯子碎片，并且说些指导性的话，如"杯子很容易碎，谁会想到这么小的杯子会造成这么大的乱子"。

这种轻柔的语气让纳撒尼尔意外，他会对这次犯的错产生负罪感，感到内疚。在没有人生气的情况下，他甚至可能会很冷静地自己得出结论：杯子不是用来玩的。

从小意外中，孩子可以学到价值观方面的重要课程。孩子需要根据父母的态度，学会区分哪些事情只是让人不快，是小烦恼；哪些事情又是悲惨的，是大灾难。有的父母摔碎个鸡蛋就像摔断了腿，窗户坏了就像心脏出了问题一样大惊小怪。比如，遇到小意外，父母就应该这样向孩子指明："你又把手套弄丢了，真的很烦人，手套是要花钱买的。但这只是个让人懊恼的小意外，并不是什么大灾难。"

侮辱性话语的伤害

　　辱骂的话就像毒箭一样，应该只用来对付敌人，而不应该用来对付孩子。当有人说"这把椅子很难看"时，椅子不会发生任何变化，它既不会感觉受到了侮辱，也不会感觉尴尬。不管用什么词来形容，它都会保持原样。然而，当一个孩子被形容为丑陋、愚蠢或笨拙时，就会对孩子产生影响。他会产生怨恨、愤怒等情绪。他会幻想着报复，这种幻想会带给他罪恶感，而罪恶感又会引发焦虑。他还可能会出现不良行为。简而言之，这会引发一系列反应，会让孩子和他的父母都感到非常痛苦。

　　当一个孩子被说笨手笨脚时，他起初可能会反驳："不，我不是笨手笨脚。"在一些情况下，他会相信父母的话，逐渐觉得自己就是个笨手笨脚的人。当他碰巧绊倒或跌倒时，他可能会大声地对自己说："你真是笨手笨脚的。"从那时起，他可能就会避免需要敏捷反应的活动，因为他确信自己笨手笨脚，没办法成功。

　　当父母和老师反复地说一个孩子很笨的时候，他会信以为真，逐渐觉得自己就是这么笨，随后便放弃了努力，尽量避开比赛和竞争，保护自己免受嘲笑。他的人生格言也就成了"不尝试就不会失败"。

控制自己的愤怒情绪

童年时，如果没有人教导过我们如何处理生活中不可避免的愤怒情绪，我们在产生愤怒情绪时就会感到愧疚，在表达愤怒情绪时会有负罪感。我们受到的教育，让我们笃信生气是一件很不好的事。

对自己的孩子，父母应尽量保持耐心。事实上，即使再有耐心，愤怒情绪有时也是会爆发的。父母担心这可能会伤害孩子，于是便像潜水员屏住呼吸一样压抑着怒火。然而，在这种情况下，人的克制力是相当有限的。

愤怒就像普通感冒一样，总会反复出现。我们不喜欢愤怒，却不能忽视它的存在。也许我们对愤怒很熟悉，无法阻止它的出现。愤怒情绪爆发的后果和情形我们可以预测，但让人愤怒的事似乎总是突如其来，让人意想不到。尽管怒火不会持续太久，但生气的人怒气冲冲，似乎发泄起来没完没了。

父母在发脾气时，犹如失去了理智一般，对孩子说的话、做的事，有时难以控制。父母对着孩子大喊大叫，当这场冲突结束时，又会感到内疚，会郑重其事地下决心再也不会发火。但愤怒很快会再次袭来，破坏了良好愿望。父母会再一次冲着那个愿意为其奉献出财富甚至生命的孩子发脾气。

下定决心不生气不但徒劳无功，反而更加糟糕。愤怒，就像飓风一样，是生活的一部分，是必须承认和接受的事实。家庭的安宁，就像人们所希望的没有战争的世界。

在对孩子的教育中，父母的愤怒起到了一定作用。事实上，在有些时候，父母不生气，孩子感觉到的并不是善意，而只是漠不关心。真正在意孩子的人，根本做不到一直都不生气。但这并不意味着孩子能够忍受愤怒和暴力，只是意味着他们能够忍受并理解愤怒代表的意思："我的忍耐是有限度的。"

对父母来说，愤怒这种情绪的代价极为高昂。在表达愤怒时，父母不应该越说越愤怒，药物的副作用不应该比疾病本身更为严重。表达愤怒应该能让父母缓解情绪，能给孩子带来一些感悟，而且对亲子双方都无负面影响。因此，父母不应该在孩子朋友的面前大声训斥孩子，这只会使孩子更加调皮捣蛋，而这反过来又会让父母更加生气。父母不想让愤怒、反抗之类的情绪愈演愈烈，恰恰相反，他们想让孩子明白正确的观点，让不良情绪烟消云散。

在心平气和时就要做好应对压力的准备，因此，父母也应该承认以下事实：

（1）要接受孩子会惹父母生气的事实；

（2）有权发泄愤怒情绪，而不必感到内疚或羞愧；

（3）有权表达自己的感受和愤怒情绪，但不能攻击孩子的人品或性格。

在应对愤怒情绪的具体实施步骤中，我们应该贯彻以下想法。处理激动情绪的第一步，就是明确说出这种情绪，并且以"我"为人称代词。这样也可以提醒相关人员，及时进行弥补或采取预防措施：

- 我感到很烦躁。
- 我觉得很恼火。

如果这些简短的话语，还有气愤的表情不能帮父母缓解情绪，那就进入第二步，加强语气来表达出愤怒的情绪：

- 我生气了。
- 我很生气。
- 我非常非常生气。
- 我愤怒极了。

有时候，父母只不过是表达出感受（不用解释原因）就能阻止孩子调皮捣蛋。有时候，可能就有必要进行第三步，也就是说出愤怒的原因，表达内心的感受和期待的行动。

- 看到鞋子、袜子、衬衫和毛衣在地板上扔得到处都是，我很生气，怒不可遏。我真想把窗户打开，把这堆乱七八糟的东西全扔到大街上去。
- 看到你打弟弟，我非常生气，心里的怒火熊熊燃烧，简直要气炸了。我绝不允许你伤害他。
- 看到你们所有人吃完饭都急匆匆跑去看电视，把脏盘子和油腻的锅留给我的时候，我简直气极了！我被气得七窍生烟！我真想把所有的盘子都拿出来摔到电视机上！

> · 我叫你吃饭，你不来，我就生气了，非常生气。
>
> 我对自己说："我做了一顿好饭，想要家人来赞美我，而不是来打击我！"

这种方法可以让父母发泄怒火，还不会对孩子造成伤害。反过来看，这甚至可以作为重要的一课，说明了应该如何安全地表达愤怒的情绪。孩子可能会了解到，父母的愤怒并不是灾难性的，发泄出来也不会伤害到任何人。父母不仅仅要表达愤怒情绪，更要给孩子指出，哪些表达情绪的渠道可以被接受，并向孩子示范，如何安全地发泄愤怒情绪。

第三章

避免弄巧成拙的模式

家长与孩子相处的某些模式总会弄巧成拙，不仅无法实现长期目标，还常常会把家里搞得一团糟。这些弄巧成拙的模式包括威胁、诱导、承诺、嘲讽、对撒谎和偷窃进行说教，以及用粗鲁的方式进行文明教育。

不要威胁孩子

对孩子来说，父母的威胁，其实起到了变相鼓励的作用，父母越不让做的事，孩子越想尝试。如果父母威胁孩子说"你要是敢再这么做……"，孩子根本就没把"你要是敢"听进耳朵里，他就听到了"再这么做"。孩子甚至会认为："妈妈希望我还这么干，否则她会失望的。"

这种成年人眼中理所当然的警告，对孩子而言却毫无用处，甚至还会适得其反。孩子通常会把那些讨厌的事重新做一遍，因为警告挑战了孩子的自主性。

比如，5岁的奥利弗无视妈妈的再三警告，不停地朝着窗户上掷球。最后，妈妈威胁说："如果球再砸到窗户上，我保证会惩罚你。"

不一会儿，玻璃破碎的声音传来，向妈妈宣告了威胁的效果：球最终还是砸碎了玻璃。接下来会发生的情形就不难想象了。

与之相比，下面这件事就是一个很好的例子，说明在不用威胁的情况下，也能有效地应对孩子的不当行为。

7岁的彼得拿着玩具枪朝着小弟弟打了一枪。妈妈说："别对着人，向靶子射击。"彼得又朝小弟弟开了一枪。妈妈没收了彼得的枪说："枪是不能对着人射击的。"

妈妈采取了她认为必要的措施来保护宝宝，同时坚守了自己的行为准则。彼得的自尊心没受伤害，但他也清楚地知道了自己的行为可能带来的后果。妈妈隐晦地向他传递了一个显而易见的选择：要么射靶子，要么就失去玩枪的权利。

在这件事上，妈妈巧妙地避开了一些父母常踩的雷区，并没有选择那条明显无效的方式："彼得，住手！你难道不知道不该朝弟弟开枪吗？你没有更好的靶子了吗？你听着，如果你再这样做，只要再做一次，你就再也见不到这把枪了！"除非孩子非常听话，否则，这种威胁只会让他重复做父母不让做的事。

用奖励诱导孩子会弄巧成拙

明确地告诉孩子做某件事会被奖励，同样会弄巧成拙：

> ·如果你对小弟弟好，那么我就带你去看电影。
>
> ·如果你不再尿床，那么我就给你买辆自行车当作圣诞礼物。
>
> ·如果你学会了这首诗，那么我就带你去航海。

使用"如果……那么……"的方法或许偶尔会激励孩子为了某个具体目标而奋斗，但难以持久地鼓励他们不断进取。父母的话向孩子表明，父母在怀疑他是否有能力变得更好。"如果你学会了这首诗"意思就是"我们不确定你能不能学会这首诗"，"如果你不再尿床"的意思就是"我们认为你做不到不尿床"。

在道德层面，对于用来诱导的奖励还存在一些反对意见。一个男孩说："让妈妈一直认为我会变坏，就能得到我想要的东西。当然，我得经常表现得足够坏，才能让她相信她的钱没有白给我。"

这样的推理可能很快就会导致讨价还价和敲诈勒索，孩子对奖励等额外要求不断增长，父母以此来换取孩子的"良好"表现。有些父母已经被孩子的需求左右，每次外出旅游购物，总是不敢空手而归。孩子在迎接他们时，并不是说"你好"，而是询问"你给我带了什么"。

那些没有事先宣告的奖励，会带来惊喜，充满认可与感激，才真正对孩子有益，也更能令他们感到快乐。

不要轻易做出承诺

　　父母既不应该对孩子做出承诺，也不应该强求孩子做出承诺。为什么要对承诺如此谨慎呢？父母与孩子的关系应该建立在信任的基础上。当父母必须依靠做出承诺来强调自己的言行一致时，实际上是在表明平时的话不可信。承诺会让孩子产生不切实际的期望。比如，父母答应会带孩子去动物园参观，孩子就会假定那天不会下雨、车子不会坏、自己也不会生病。然而，生活中的不确定性无处不在。一旦承诺无法兑现，孩子会觉得受到了欺骗。"这是你答应过的！"这种不停抱怨的话父母都非常熟悉，也会非常后悔，当初真不该向孩子做出任何承诺。

　　父母不应该要求或逼迫孩子做出承诺，如保证将来会表现良好，或者保证不会再出现过去的不良行为。如果孩子做出的承诺并非自愿，就等于在开空头支票。父母不应该鼓励这种行为。

冷嘲热讽会伤害
孩子的心理健康

总爱冷嘲热讽的父母，会对孩子造成精神伤害。具有这种"语言才能"的父母，为有效沟通设置了坚固的障碍。

> ·同一件事我重复多少遍了？你是聋了吗，不然为什么听不见呢？
>
> ·真没礼貌。你是在原始丛林里长大的吗？你知道自己就该待在那里吧？

这样冷嘲热讽的父母甚至可能没有意识到，这些言辞对于孩子而言是一种人身攻击，可能会引起他们的反感乃至反击。这些话语阻碍了有效的沟通。

在孩子的成长过程中，父母不应该讽刺和苛责。为了孩子的身心健康，请尽量避免使用以下言辞：

> ·你已经开始自我膨胀了。

- 你太自以为是了。
- 你以为你是谁啊？

　　无论是有意还是无意，父母都不应该贬低孩子在自己心目中的形象，更不应该贬低孩子在同龄人中的地位。

对待撒谎的策略

当孩子撒谎时，尤其是当谎言很明显，骗术很拙劣时，父母就会很生气。听到孩子坚持说他没有碰过油漆、没吃过巧克力，而他的衬衫和脸上到处都是证据，真是令人恼火。

有时，孩子之所以撒谎，是因为当时的情况不允许他说实话。如果孩子跟妈妈说他很讨厌弟弟，妈妈很可能会因为他说了真话而惩罚他；如果他当时立刻就改变口吻，说他很爱弟弟之类的谎言，妈妈却可能会用拥抱和亲吻来奖励他。孩子会从这样的经历中得出结论：诚实会受惩罚，撒谎会有奖励。

如果希望孩子学会诚实，父母必须做好准备，不仅要倾听那些令人愉悦的真话，也要接受那些令人不快的事实。为了让孩子在成长中保持诚实的品质，父母不能鼓励他隐藏自己的情绪，无论这些情绪是积极的还是消极的，是融洽的还是矛盾的。孩子只有通过父母的反应，才能知道诚实是不是最好的策略。

如果说真话会受到惩罚，孩子就会撒谎。有时孩子撒谎，是为了通过幻想来弥补自己在现实生活中的缺憾。谎言会反映出孩子内心的恐惧和真实的情绪，也会揭示孩子想要成为一个什么样的人、想要做什么事。父母需要识别孩子谎言中所掩盖的真实意图。面对谎言，理性的应对方式是理解谎言所揭示的意义，而非否定谎言的内容或责怪撒谎者。父母从谎言中获取的信息，可以帮助孩子分清现实与幻想。

如果一个小男孩告诉父母，他的圣诞礼物是一头大象，这时有效的回复是回应他的希望，而不是证明他撒谎。

> · 你希望能拥有一头大象！
>
> · 你希望能拥有自己的动物园！
>
> · 你希望能有一大片丛林，里面到处都是动物！
>
> · 那你收到了什么圣诞礼物呢？

如果父母提出的问题会引起孩子的防范心理，让孩子撒谎，那么这类问题就应该尽量避免提及。孩子会对父母的盘问感到厌烦，尤其是当他们怀疑父母已经知情的时候。他们不喜欢那些带有陷阱的问题，那些问题迫使他们不得不在捏造拙劣的谎言和难堪的坦白之间做出选择。

7岁的昆汀惊恐万分，爸爸送他的新枪被他弄坏了。他悄悄地将破破烂烂的枪放到地下室角落里。可有些掉落的零件还是被发现了，爸爸怒火中烧，对他连珠炮一样接连发问，一场难以遏制的冲突就此上演。

你的新枪呢？

应该是放哪儿了吧。

其实，这场争执本来可以避免的。假如爸爸不是背后观察、责问孩子，而是和孩子进行一番坦诚的对话，或许会更有用：

> ·看，你的新枪坏了。
>
> ·你还没玩多久呢。
>
> ·真遗憾，它还挺贵的。

孩子也许会学到一些宝贵的经验：爸爸理解我，我可以跟他分享我的烦恼，我需要更精心地对待他送给我的礼物。

应对不诚实行为

在应对谎言时，父母的原则非常明确：一方面，父母不应该偷偷调查，也不应该逼迫孩子坦白，或者夸大其词、小题大做；另一方面，父母跟孩子说话时不要含糊其辞，要直言相告。

如果我们发现孩子借的图书逾期了，不要这样问孩子："你把书还给图书馆了吗？你确定吗？它怎么还在你的桌子上？"而是应该开门见山地说："我看到你从图书馆借的书已经逾期了。"

如果父母接到学校的通知，知道了孩子算术考试不及格，这时不要问孩子："你的算术考试及格了吗？你确定吗？这次你撒谎也没用！我们和你的老师谈过了，知道你考得很糟。"而是要直接告诉孩子："算术老师跟我们说，你这次考试不及格。我们很担心，不知道该怎么帮你。"

总之，父母应该避免影响孩子的情绪，以防止他们为了进行自我保护而撒谎，也不要故意给孩子营造说谎的情境。如果孩子撒了谎，父母得保持冷静，不要反应过度，不停地训斥孩子，而应该客观处理、就事论事。父母的目的是让孩子明白，对父母撒谎完全没有必要。

面对孩子的偷窃行为

　　孩子把不属于自己的东西带回家，这种情况并不罕见。当父母发现孩子"偷窃"时，最重要的是避免对孩子说教以及夸大其词，要维护孩子的自尊心，引导孩子走上正路。父母要冷静且坚决地告诉孩子：

> ·卡车是别人的，把它还给人家。
> ·枪不是你的，得还回去。

　　如果孩子口袋里有"偷"来的糖果，最佳处理方式是冷静地告诉孩子："你左边口袋里的棒棒糖必须留在店里。"如果孩子不承认拿了糖果，父母就要指着口袋重复："这个口袋里的棒棒糖是商店的，把它放回架子上。"如果孩子拒不照做，父母就要亲手拿出糖果，告诉他："这是店里的东西，必须放回店里去。"

　　如果父母知道孩子从父母的钱包里拿了钱，直接跟他说："你从我钱包里拿走了一美元，还给我。"收回钱后，父母要态度严厉地告诉孩子："你需要钱的时候，可以问我要，我们可以好好商量的。"

　　如果孩子不承认拿了钱，不要与他争论，只要告诉他："你拿了钱，把钱还给我。"如果钱已经被孩子花掉了，那么讨论重点应转到怎么还钱上，可以让孩子做家务还钱，或者从零用钱里扣除。

尤其需要注意的是，千万不要说孩子是"小偷"或者"骗子"，也不要说一些对孩子不利的预测。追问孩子"这么做到底是为什么"并没有什么实际意义，因为他自己可能也搞不清楚自己的动机。如果父母要求孩子解释"为什么"，处于压力下的孩子只会被迫编造出另一个谎言来。父母不妨告诉孩子，要用钱的时候，希望他能和父母商量，下面这种说法更有效：

> · 我很失望，你需要一美元，却没跟我说。
>
> · 你需要钱的时候可以来告诉我，我们可以好好商量一下。

饼干放在玻璃罐里，孩子偷吃了，脸上还沾着一撮糖屑，父母这时就不要问他下面这类问题：

> · 有人从罐子里拿了饼干吗？
>
> · 到底是谁拿走的，你有没有碰巧看到？你吃了吗？你确定吗？

这样的问题通常会迫使孩子撒谎，伤害程度更是雪上加霜。父母的原则是，知道了答案，就不要问这个问题。最好的办法就是坦率地说："儿子，你吃了饼干，我告诉过你不要吃。我很生气，也很失望。"

最后一句话中的意思，就是一种恰当的、可取的惩罚。这会让孩子心怀歉疚，也会让他们形成责任心，对自己的不当行为采取行动弥补。

培养礼貌的方法

　　礼貌既是一种性格特征，也是一种社交技能，那些本身就很有礼貌的父母，孩子会认同并模仿他们，也会变得很有礼貌。在各种情况下，父母都应当礼貌地对孩子进行礼貌教育。然而，父母在教导孩子要讲礼貌时，自己的态度却往往很粗鲁：比如，孩子忘了道谢，父母便会毫不留情地在他人面前直接指出来；又如，父母自己都还没有辞行，就催着孩子跟人说"再见"。

　　6 岁的罗伯特很好奇地挤了挤包装盒，他刚收到了一份礼物，急于知道里面装了什么。

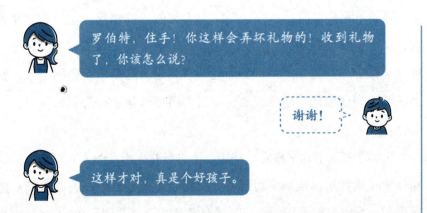

罗伯特，住手！你这样会弄坏礼物的！收到礼物了，你该怎么说？

谢谢！

这样才对，真是个好孩子。

妈妈本可以用更为温和的方式来教导孩子学习礼貌，那样可以取得更好的效果。她可以说："谢谢您，帕特丽夏姨妈，感谢您送来的精美礼物。"可以想象，罗伯特很可能也会自发地表达谢意。如果他没有这样做，妈妈就可以在之后两人单独相处时进一步教导他社交礼仪。妈妈可以这样说：

> ·帕特丽夏姨妈很体贴，她惦记着你，还送你礼物。咱们给她写封感谢信吧，知道我们惦记着她，她一定会很高兴的。

这种方法虽然更为复杂，但比直接斥责效果更佳。生活艺术的精妙之处，无法通过粗暴的方式传达。

如果孩子打断了父母谈话，父母往往会很愤怒："别这么粗鲁！打断别人说话很没礼貌！"可是，打断孩子的话，同样也是很不礼貌的行为。在要求孩子遵守礼仪的同时，父母自身也应当保持礼貌。也许用这种说法会更好些："我想把我的故事讲完，然后就轮到你了。"

说孩子粗鲁没有什么用，与父母希望的正好相反，这种做法并不能让孩子变得懂礼貌，还存在风险，孩子会接受父母的评价，并把这种评价作为自我认知的一部分。他一旦认定自己是个粗鲁的孩子，就会继续按照这种认知生活，他会觉得，粗鲁的孩子行为粗鲁是很自然的事。

在朋友家或亲戚家做客，是给孩子进行礼貌示范的大好机会。父母和孩子在做客时都应该觉得开心。要想真正开心，最好的办法就是把对孩子行为负责的重担，交给孩子自己和主人来共同承担。（父母的帮助，仅限于对孩子的愿望和感受表示理解。)

　　孩子往往会利用父母在别人家中不愿责备自己孩子的心理，故意在这些场合捣乱。有效应对这一情形的最佳方式就是请主人来设置并执行主人自己的家规。如果孩子在玛丽阿姨家的沙发上乱跳，就应该由玛丽阿姨来决定是否允许这种行为，并规定相应的限制措施。当外人在场施加约束时，孩子更容易服从。妈妈免于承担管教义务，还可以私下跟孩子重复说明约束命令："这些都是这里的规定。"

　　只有在主人和客人对各自的责任达成一致意见的情况下，这种策略才能实施。要求客人遵守家里的规矩，是主人的权利，也是主人的责任。妈妈作为客人，这时的责任就是暂时放弃管教者这一角色。妈妈适时放手不干预，可以帮助孩子更好地了解当时的真实境况。

第四章

责任心和独立性

责任心的源泉：
做家务和树立价值观

世界各地的父母都在寻找培养孩子责任心的方法。在一些家庭中，父母希望通过日常做家务来解决这个问题。人们认为，清理垃圾、修剪草坪对培养男孩的责任心特别有效；而洗碗、收拾床铺，则为培养女孩的责任心奠定基础。实际上，这些家务虽然对家庭管理很重要，但对培养孩子的责任心可能并没有积极作用。恰恰相反，在有些家庭中，这些家务经常会导致家庭成员陷入争吵，让孩子和父母都感到痛苦和愤怒。强迫孩子做家务，可能会让孩子听话，厨房和院子也能变得更干净，但对孩子的性格塑造可能会产生不良影响。

很显然，责任心并不能依靠强制力培养，只能从内心深处自然产生，由家庭和社会的价值观来进行引导。

尽管父母都希望孩子能够成长为负责任的人，但更希望他们的责任心源于终极价值观，其中包括对生命的敬畏和对人类福祉的关切。用更通俗的话来说，责任心必须建立在尊重生命、自由和追求幸福的基础之上。父母通常不会在宏观的框架内来考虑责任心的问题，而以更具体的方式来看待孩子是具备责任心还是缺乏责任心，如孩子的房间凌乱、上学迟到、家庭作业潦草就是缺乏责任心的表现。

然而，即便一个孩子彬彬有礼、讲究卫生、把房间收拾得一尘不染、作业都完成得分毫不差，但他所做的决定，依然可能缺乏责任心。尤其是那些做什么都被父母操控的孩子，几乎从没自己判断过，更不会做选择、发掘自己的潜能，他所做出的决定就更可能缺乏责任心。

孩子能学到多少父母希望他学习的知识，决定性因素是孩子对父母教导的内心情绪反应。父母不能直接把价值观灌输给孩子，只有当孩子对自己喜爱和尊重的人有了认同感并且进行效仿时，价值观才能被孩子内化，成为孩子自身的一部分。

因此，孩子责任心的培养，最终回归到父母的身上，更具体地讲，是回归到了父母在养育孩子的过程中所表现出的价值观上。如今面临的难题是，要促使孩子形成父母预期的责任心，需要采用哪种明确的态度和做法？本章后面的内容尝试从心理学的角度来回答这个问题。

理想目标及日常行为

孩子的责任心源于父母的态度和技巧，态度是指父母愿意让孩子感受所有的情绪；技巧是指父母向孩子展示如何处理问题的能力，来应对可能会涉及的各种情绪。

满足这两项要求所面临的困难很大，我们的父母和老师也并没有教我们如何为处理情绪做好充分的准备，他们自己也不知道该如何处理强烈的情绪。面对孩子暴躁的情绪，他们试图否认、拒绝、压抑或美化这些情绪：

> 否认：你说的并不是真心话。
>
> 拒绝：这不是你，而是你内心深处的恶魔在捣乱。
>
> 压抑：好孩子是不会这样想的。
>
> 美化：你应该克服这种情绪。

这些说法忽视了一个事实：情绪就像河流一样，无法停止，只能疏导。强烈的情绪就像不断上涨的河水一样，是无法否认的，不能用理性来解释，也不能用话语让其消失。我们必须认可情绪，承认情绪的力量，必须尊重这些情绪，并巧妙地加以利用。通过引导的方式，情绪可以为我们的生活注入活力，让我们的日常生活变得轻松愉悦。

　　这些目标远大，挑战仍然存在：我们应该如何缩小预期目标和日常实践之间的差距，又应该从何处开始实施呢？

设置综合规划

我们要设置一个综合规划，把长期规划和短期规划结合起来执行。父母要清楚地认识到，性格教育依赖于父母与孩子的关系，性格特征不能通过言语传达，需要通过亲身实践加以证明。

要进行综合规划，父母先要下决心关注孩子的内心感受，而不仅仅是关注孩子表面的顺从或叛逆。

父母要如何有效地洞察孩子的内心世界呢？

孩子往往会通过他们的语言、语调、手势和姿势传达感受和想法。这些都是重要的线索，父母需要用心聆听、认真观察、细致感知。

在此过程中，父母应秉持这样的信条：理解孩子，传达这种理解，并避免通过批评的方式来表达个人的理解。

父母的格言是，让我明白，让我表现出我明白，让我用不自动批评的语言来表现。

当孩子一言不发、慢吞吞地拖着步子从学校回到家时，从他的脚步声中，父母就可以感受到他一定是遇到了不愉快的事情。父母不应该采用下面这种批评的方式来开始和孩子的对话：

> · 摆出这副讨厌的样子干什么？
>
> · 你这是什么表情？
>
> · 你做什么了，跟你最好的朋友闹掰了吗？
>
> · 这次你又干什么了？
>
> · 你今天惹什么麻烦了？

既然关注孩子的内心感受，父母就应该避免这些只会让孩子心中产生愤怒情绪的言论。相反，父母要对孩子表示理解，可以通过以下任何一种方式来表达：

> · 你遇到了不愉快的事。
>
> · 今天你过得不太好。
>
> · 真是很辛苦的一天。
>
> · 有人为难你了。

在问孩子诸如"怎么了""发生了什么事"这类问题时，用陈述的方式比疑问的方式效果更好，提问表达的是好奇，陈述则表达了同情。

孩子会从生活中学习，这是无可辩驳的事实。如果生活在批评中，他就无法拥有责任心。他学会的是责备自己，也学会了挑剔别人。他会怀疑自己的判断、贬低自己的能力、质疑别人的意图。最重要的是，他心态消极，以为未来生活中全是厄运。

如何与孩子建立良好的关系

父母需要承担家务和责任，正在和孩子陷入争执的父母应该意识到，他们在这场争执中是不可能获胜的。孩子有更多的时间和精力来反抗父母，父母却没有那么多的时间和精力迫使他们听话。即使父母在一次较量中获胜，并成功地让孩子按父母的意愿做事，他们也可能会变得无精打采、神经质或者更叛逆。

父母获胜的方法只有一个：赢得孩子的支持。这项任务看似不可能，其实只是困难而已，我们有能力完成。即使目前父母和孩子还没有建立友好的关系，在不久的将来也可以建立起这种关系。

父母可以通过以下方式，让孩子朝好的方向改变：

（1）当父母看起来对孩子的感受和想法毫不关心时，孩子会觉得沮丧，心怀怨恨。最后，孩子会认为自己的想法很愚蠢，不值得重视，会觉得自己既不可爱，也不值得被爱。

用心倾听的父母，向孩子传达的信息是，他的想法得到了重视，他受到了尊重。这种尊重带给孩子一种自我价值感，自我价值感会使孩子更有效地应对社会上的各种事情和人际关系。

（2）父母应该有意识地避免发表那些可能会引起孩子厌恶的言论。

> 侮辱：你让学校蒙羞，也给家里丢人。
>
> 谩骂：懒汉，臭名昭著。
>
> 预言：你会被关进监狱里去，那就是你的最终下场。
>
> 威胁：如果你不安静下来，你的零用钱就不用再想了。
>
> 指责：你总是第一个找麻烦的人。
>
> 发号施令：闭嘴，听我跟你说。

（3）在遇到麻烦时，父母能在不攻击孩子人格和尊严的情况下，表达自己的感受和想法，效果会更好。

当父母用心地倾听，不再尖刻地批判，并以尊重的方式表达自己的感受和要求时，孩子的行为会逐渐发生变化。这种充满同理心的氛围增进了亲子间的理解，孩子会关注并模仿父母的公平、关怀和礼貌的态度。尽管这些变化不会在短时间内显现，但持续的努力终将获得回报。

通过采取这些新的态度和做法，父母教导孩子勇于承担责任的任务也就完成了一大半。然而，仅仅有榜样力量是不够的，还要通过自己的努力和实践，孩子才能具备责任心。父母的榜样为孩子学习创造了良好的环境，孩子需要通过具体的经历来巩固学习成果，使之成为自己性格的一部分。因此，在孩子成长的不同阶段，赋予孩子相应的责任就显得更为重要。

责任心的培养：
发言权和选择权

　　孩子并不是天生就有责任心的，也不会在某个特定的年龄自动获得这种能力。责任心就像学习弹钢琴一样，是在经年累月的练习后，才慢慢地培养出来的。这种能力需要每天练习，并进行判断，选择适合自己年龄和理解能力的方式。

　　责任心教育可以在孩子很小的时候就开始。父母在培养孩子的责任心时，要允许孩子在影响他们的事情上发表意见，并允许孩子做出选择。有些事情完全属于孩子的责任范围，在这类事情上，孩子应该有权自己做出选择；有些事情会影响孩子的权益但属于父母的责任范围，在这些事情上，孩子可以有发言权，但无选择权，这种情况需要父母替孩子做出选择，同时帮助孩子接受这些不可避免的事实。

孩子有权决定自己吃什么

即使是一个只有 2 岁的孩子，父母也可以问他是想要半杯牛奶还是一整杯牛奶；4 岁的孩子就可以在半个苹果和整个苹果之间做出选择；6 岁的孩子则可以自己决定鸡蛋的煮熟程度。

父母应该有意识地为孩子创造机会，让他们面对必须由自己做选择的情境。父母负责提供可供选择的场景，孩子则负责做出选择。

对于年龄较小的孩子，尽量不要问"你早餐想吃什么"这类笼统的问题，而要问一些具体的问题："你想吃炒蛋还是煎蛋？你要不要烤面包？麦片你想要热的还是凉的？你要橙汁还是牛奶？"

这些问题表明的态度是，孩子对自己的事情负有一定的责任，他们不仅接受命令，还要参与决策。从父母的态度中，孩子应该能清楚地了解到：父母提供多种选项，如牛奶、饼干等，而自己的责任，就是做出选择。

孩子在饮食方面的问题，通常是由妈妈对孩子的口味过于关注造成的。她们让孩子吃某种蔬菜，并（没有科学依据地）告诉孩子哪种蔬菜对身体健康最有益。对于孩子来说，妈妈最好不要对食物抱有强烈的感情，只要提供营养价值高、味道可口的食物，并相信孩子会根据自己的食欲多吃或者少吃——只要不与医生的建议发生冲突就可以。显然，吃饭属于孩子的责任范围。

孩子可以自己选择穿什么

在给孩子购买服装的时候，父母可以决定孩子穿什么样的衣服及预算的多少。在商店里，父母可以挑选几件价格和款式都可以接受的衣服，让孩子从中选择自己喜欢的那件。这样的话，哪怕是一个 6 岁的孩子，在购买袜子或衬衫时，也可以从父母挑好的衣服中做出选择。而在某些家庭中，孩子没有自己买衣服的经验，也没有掌握这方面的技能，他们在成年后买衣服时甚至还需要伴侣或妈妈提供建议。

特别是对于年龄大一点儿的孩子来说，父母应该让孩子自主选择与他们同龄朋友穿着风格相似的衣服。如果一个班级里，流行穿蓝色皮鞋，穿棕色鞋子的孩子也许会受到（也许是不必要的）排挤。父母应该知道，孩子认为的"酷"和"土"是什么样的。与服装有关的责任范围可以这样表述：父母负责挑，孩子负责选。

正确对待家庭作业

　　从小学一年级开始，父母就应该摆明态度，明确表示：家庭作业是孩子和老师的责任，父母无须在此过程中过度介入，也不应该监督或检查家庭作业，除非是孩子主动提出要求（这一原则很可能与有些老师的要求有所冲突）。一旦父母承担起家庭作业的责任，孩子也默认这种安排，那么父母就很难摆脱这一负担。家庭作业甚至可能成为孩子操控父母的一种工具，用来要挟和利用父母。如果父母对孩子的作业细节表现得不那么上心，而且明确地告诉孩子"作业是你自己的事情，你要完成作业，就像父母需要完成自己的工作一样"，就可以避免家庭生活中的一些不和睦的情况。

　　不要高估低年级家庭作业的价值，有的学校并不会给小学生布置家庭作业。与那些从六七岁就开始为作业苦恼的学生相比，这些学校的孩子学到的知识并不逊色。家庭作业的重要意义在于，让孩子获得独立学习的体验感。但若要实现这一目的，家庭作业的难度必须恰好匹配孩子的能力，使孩子几乎无须借助外界帮助便能独立完成。父母的直接帮助，往往只会让孩子觉得自己做作业时会束手无策。此时，间接的帮助或许效果更佳。例如，父母可以为孩子准备一个私人空间，配备合适的书桌和参考书，并根据季节的不同，帮孩子确定最佳的学习时间。在春、秋两季和煦的午后，孩子的兴趣可以先放到玩耍上，然后再做家庭作业；而在寒冷的冬天和炎热的夏天，作业则需排在首位，在其他活动之前必须先完成作业。

有些孩子在做作业时喜欢坐在父母身边，也许可以允许孩子使用厨房或餐厅的桌子来写作业。然而，在这个时候，对于孩子坐姿好不好、衣着够不够整洁等方面，父母不应该进行评论。

有些孩子写作业时喜欢咬铅笔、挠头或摇晃椅子。如果父母对此评头论足，约束孩子的行为，就会干扰他们的思路，让他们更加沮丧。

在孩子写作业时，父母不应该总是提问，或者指派差事给孩子，这些事会打断孩子的思路，最好等孩子完成作业后再进行安排。父母应在孩子背后默默提供安慰和支持，而不是直接进行指导和帮助。父母可以偶尔为孩子讲解某个观点或解释某个句子，但需避免发表以下评论：

> ·如果你不是这么心不在焉的话，就不会忘记作业了。
>
> ·如果你肯好好听老师的话，就会知道作业怎么写了。

对于孩子，父母应该少帮助，多表达同情；多听孩子倾诉，少进行说教。父母给孩子指明道路，期望他们凭自己的力量到达目的地。

父母对待学校和老师的态度，对孩子看待家庭作业的态度可能会产生影响。如果父母经常批评学校、贬低老师，孩子往往会产生类似的看法，进而不重视家庭作业。

因此，父母应该支持老师的立场，支持老师有关家庭作业责任的规定。

如果老师很严厉，父母就可以借此机会向孩子表达理解与同情：

> ·今年可真不轻松——作业这么多！
>
> ·今年真的很难熬。
>
> ·他确实是位严厉的老师。
>
> ·我听说老师的要求很多。
>
> ·我听说老师对待家庭作业特别严格，我猜今年会布置很多作业。

父母不要每天都因为作业的事朝孩子发脾气，这点很重要：

> ·听着，雷吉！从现在开始，你每天下午都要做拼写练习，包括星期六和星期天。你不能再玩了，也不能再看电视了。
>
> ·罗杰！总是要提醒你做作业，我已经烦透了。爸爸会来盯着你认真写作业的，我们不希望家里有个文盲。

在这种情况下，威胁和唠叨是父母常用的办法，这样做，父母会觉得自己正在采取措施。实际上，这样的告诫有害无益，只会让气氛更加紧张，惹得父母烦恼、孩子愤怒。

　　有些明明有能力的孩子写作业时很拖沓，在学校也成绩不佳，这是对父母的一种无意识反抗。为了成长、成熟，每个孩子都需要获得一种自主感，从父母的束缚中脱离出来。当父母过度关注孩子的学业成绩时，孩子的自主性就会很容易受到干扰。家庭作业和学业成绩犹如王冠上的钻石，父母都想得到。可孩子在潜意识中宁愿戴一项用杂草编成的王冠回家，至少那是他自己的选择。没能达到父母的目标，让年轻的叛逆者获得了一种独立感。因此，孩子可能会为了彰显个性，为了表现得与众不同，无视父母施加的压力，最终走向失败。正如一个孩子所说的那样："他们可以剥夺我看电视的权利，取消我的零用钱，但他们不能抹掉我不及格的成绩。"

　　很明显，对待孩子抗拒学习这个问题，想要简单地通过对孩子采取严厉或宽容的态度，并不能解决。增加压力可能会导致孩子的逆反心理加重，而采取放任的态度，则可能会让孩子产生误解，以为父母对自己不成熟和不负责任的行为能够接受。解决这个问题需要耐心和策略。

　　有些孩子可能需要心理治疗，才能摆脱叛逆心理，并学会从成就中获得满足感，而不是虚度光阴。也有一些孩子可能需要有心理学知识的专业人士进行辅导，重要的是父母不能辅导孩子。父母要让孩子知道，他是一个独立的个体，要对自己的成败负责。如果孩子得到父母许可，能够亲身体验自己的人生，为了满足自己的生活需求，他就学会了承担责任。

学习音乐的目的

在孩子弹奏乐器时，父母迟早会听到熟悉的一句话："我不想再练习了。"要客观地面对这句话，并非易事。

有些父母想起了自己被迫上音乐课时的感受，决定不让孩子遭受这种痛苦。弹还是不弹，不是父母的问题，而是孩子的问题。在家里，孩子有权决定是不是弹奏，孩子可以根据自己的想法来决定继续上课还是不再上课，如果喜欢就接着练习。支付学费的任务仍然由父母来负责，练习弹奏乐器则是孩子的责任。

另一些父母则是回忆起自己小时候学习音乐时过度放任，懊悔不已，便想着无论如何都要让孩子学习乐器。孩子还没出生，父母就已经为孩子选好了要学的乐器。等孩子稍大一点，能拉小提琴、吹奏笛子或者弹奏钢琴了，就得练习父母早就为他选定的乐器。不管孩子怎么哭闹，父母丝毫不让步，孩子的反抗也只会受到压制。父母的用意清晰明了："我们负责费用，你负责练习。"在这样的情形下，孩子可能会在乐器演奏上颇有建树，也可能毫无所成。然而，这个培养过程成本实在很高，还可能会导致亲子关系长久不和，实在得不偿失。

对孩子进行音乐教育的主要目的，就是为情感提供一个有效的宣泄渠道。约束、规定和挫折充斥在孩子的生活中，因此找到一个释放的途径尤为重要。音乐是最佳的疏导方式之一：音乐可以表达愤怒，传递快乐，并缓解紧张情绪。

父母和老师往往不会从这个角度考虑音乐教育，他们通常关注的只是演奏美妙旋律的技能。孩子的表现就不可避免地被评价。遗憾的是，这通常会导致类似的结局：孩子会试图放弃练习，避开老师，甚至终止音乐学习。在一些家庭中，那些被遗弃的小提琴、上锁的钢琴、无声的笛子，最终只变成痛苦的回忆，提醒着父母，他们的努力未果，希望未能实现。

父母应该采取哪些措施呢？他们的主要职责是为孩子找到一位富有同情心且关怀备至的老师——这位老师不仅要精通音乐，同时也要深谙学生心理。这样的老师，手握着让孩子对音乐保持兴趣的钥匙，可以帮孩子开启机遇之门。老师的首要任务在于赢得孩子的尊重和信任，否则教学效果将大打折扣：孩子不会从自己不喜欢的老师那里培养出对音乐的热爱。老师充满情感的话语中传递的情感，比任何乐器本身都更具感染力。

老师、父母和孩子应就以下基本规则进行讨论并达成共识，具体如下：

（1）不得旷课，有事必须在约定上课时间前一天通知老师。

（2）如果预约课程必须取消，给老师打电话的应该是孩子，而不是父母。

（3）在练习时间和练习节奏的选择上，应该给孩子留有回旋的余地。

　　这些规则会阻止孩子在最后一刻因为"情绪"而取消课程，还会促使孩子具备独立性和责任心，同时让孩子明白：父母和老师虽然很重视音乐课程，但更重视他的感受和想法。

　　父母不应该对孩子练习的事不停地唠叨，不应该提醒孩子买的这件乐器有多贵，也不应该提醒孩子父母要怎么努力工作才能挣到这么多钱。这样做只会让孩子心中感到内疚，既不能提升孩子对音乐创作的敏感性，也不能让孩子对音乐创作更感兴趣。

　　父母不应该对孩子预言其"杰出"的音乐天赋。下面这种言论非常令人沮丧：

> ·你有惊人的才能，只要你肯好好用心就行。
>
> ·只要你肯努力，就可以成为另一个伦纳德·伯恩斯坦[①]。

　　孩子可能会得出结论，认为维持父母幻想的最好方式就是不要让他们检验。孩子的座右铭可能会变成："如果我不尝试，就不会让父母失望。"

　　当知道自己的难处被父母理解和欣赏时，孩子会觉得备受鼓舞。

　　6岁的罗斯林在第三次上钢琴课时，不得不尝试一项新技能：用双手弹奏一个八度的八音音阶。老师非常熟练地演示了这个练习后说："看，很简单。现在你来试试吧。"

　　罗斯林不情愿地、笨拙地伸出手指，试图模仿老师，但不太成功。这节课结束后，她垂头丧气地回了家。

[①] 伦纳德·伯恩斯坦：美国指挥家、作曲家。——译者注

在练习的时候，妈妈说："一只手弹八音音阶就很不容易了，用两只手弹就更难了。"罗斯林非常赞同妈妈的说法。她坐在钢琴前，慢慢地用合适的指法弹奏出正确的音符。妈妈说："我听到的音阶都很正确，指法也都正确。"罗斯林显然很满意，她回答说："确实很难。"这一天她不停地继续练习，超过了原本约定的练习时间。在这一周里，她还给自己设置了更难的任务，直到学会了盲弹八度音阶，她才满意。

比起建议、表扬或者当时给出解决办法，孩子面临困难时，同情和理解更能鼓舞孩子。

合理支配零用钱

在现代家庭中，零用钱就像食物和衣服一样，是需要给孩子准备的，因为孩子是家庭中的一员。零用钱不是对孩子良好行为的奖励，也不是给孩子做家务的报酬。这是一种教育手段，能给孩子提供宝贵的消费经验，让孩子在花钱的过程中学会选择、增强责任心。所以，如果父母过度监督零用钱的使用情况，反而可能无法达到预期的教育效果。父母应该设定一个大方向，明确规定零用钱可以用于哪些方面，如交通费用、午餐、学习用品等。随着孩子年龄的增长，零用钱的额度也应该适度增加，用来应付一些计划外开支，包括缴纳会员费、娱乐消费以及购买服装配饰等。

乱花零用钱的情况肯定也会存在，有些孩子对预算控制不好，花费太多、挥霍太快。父母应该用公事公办的方式来跟孩子商讨乱花零用钱的问题，找到双方都能认同的解决办法。如果多次出现乱花零用钱的情况，可能有必要把零用钱分成每周两三次给孩子。零用钱本身不应该被当作悬在孩子头顶上的一根棍棒，用来施加压力，让孩子取得好成绩或服从父母。父母在愤怒的时候不应该扣除孩子的零用钱，在心情好的时候也不应该随意增加零用钱。

零用钱要给多少才算是合理呢？这个问题没有标准的答案。零用钱应该符合家庭的预算，无论其他人的标准怎么样，我们都不应该拿出超出我们负担能力的费用。如果孩子抗议，父母可以真诚地告诉他："我们希望能给你更多的零用钱，但是我们的预算有限。"比起试图说服孩子他并不是真正需要更多的零用钱，这种方法更好。

金钱和权力一样，没有经验的人很容易处理不当。零用钱的数额应该在孩子的管理能力范围之内。一开始最好少给孩子点零用钱，还可以不时调整，这样要比一次给孩子太多钱，让孩子负担过重好多了。孩子上学后学会数钱和找零的时候，就可以开始给孩子零用钱了。零用钱有一个基本条件：花费了固定支出后，剩下的那一小笔钱应该是孩子自己的，孩子可以存起来，也可以花掉。

监督孩子的社交圈

从理论上讲，父母希望孩子能自己选择朋友。父母一般相信自由、反对胁迫，也知道自由交往是一项基本权利。然而，孩子带回家的朋友有时很让人反感。父母可能不喜欢恃强凌弱的人和吹牛大王，或者难以忍受流着鼻涕的爱哭鬼，他们的行为真的让人感到不适。父母最好先研究一下孩子的喜好，再尝试干涉孩子的选择。

父母要用什么标准来评估孩子选择的朋友呢？

朋友之间的相互影响应该是有益的、能纠正错误的，孩子要有机会和不同个性但与自己个性互补的朋友交往。因此，孤僻的孩子需要性格外向的朋友陪伴，被过度保护的孩子需要性格独立自主的玩伴，胆小的孩子应该和勇敢的朋友在一起。幼稚的孩子可以从思想成熟的玩伴身上受益，过于喜欢幻想的孩子需要踏实的孩子来影响，有攻击性的孩子可以由强壮但不好斗的玩伴来制止。父母的目的是让孩子通过接触与自己性格不同的朋友，改善彼此之间的交往。

有些联系是需要父母劝阻的。幼稚的孩子交往只会让彼此更加幼稚，好斗的孩子交往只会让彼此更具攻击性，孤僻的孩子交往双方仍不能充分参与更多的社交活动。

　　这就需要一种微妙的制衡机制，孩子负责选择自己的朋友，父母则有责任确保孩子的选择是有益的。

让孩子照顾宠物

孩子承诺会照顾宠物，其实只不过是表达一种善意，并不能证明他有这种能力。孩子可能需要宠物、想要宠物、喜爱宠物，但很难妥善地照顾宠物，保护动物生命的责任不能让孩子独自承担。为了避免孩子在照顾宠物时失望以及被指责，最好假设孩子的宠物需要由父母来照顾。有一只宠物可以一起玩耍，有了对宠物的关爱，孩子会从中受益良多。在和父母一起照顾宠物的过程中，孩子也可以有所收获，但保证宠物生命健康的重大责任要由成年人承担。

培养孩子的独立性

好父母就像好老师一样，让自己变成孩子越来越不可或缺的人。父母会引导孩子自己做出选择，在和孩子对话时，父母可以有意识地使用一些话术，表明相信孩子有能力自己做出明智的决定。如果父母对孩子的要求内心反应为"是"，就可以用一些培养孩子独立性的语句来表达。以下是几种方式：

- · 如果你愿意这样做的话。
- · 如果你真喜欢的话。
- · 你自己决定吧。
- · 这全都由你做主。
- · 这完全是你的选择。
- · 不管你怎么决定，我都没问题。

父母直接回答"是"，也许会让孩子感到欣喜，但换成其他说法，孩子就会因为能够自己做决定，且能够得到父母的信任，而感到更加满足。

第五章

宽容和约束

当代人的不确定性及其结果

在管教孩子方面，现在的父母和他们父辈的管教方式有什么不同呢？父辈做事很有威信，现在的父母做事则优柔寡断。父辈即使做了错事，也都表现得非常坚定；而现在的父母做的事即便正确，也会自我怀疑。现在的父母对待孩子总是犹豫不决，对于可能给孩子造成终身伤害的担忧越发深刻，这种状态从何而来？这主要源于对弗洛伊德精神分析法的理解以及对其所提出的不幸童年导致高昂代价的广泛认同。下面是一位妈妈的一封来信，可以作为例证：

> 有些事情对我影响很大，我很难用语言来讲述这些事情。也许写下来，才能更好地表达我的意思。如果有什么未尽之言，我相信你也能从字里行间感受到。感谢你能来教堂为我们这些家长组织小组讨论活动，尽管我对这次活动并不是特别满意，因为关于抚养孩子的知识，我还一直没学够，但有一件事吸引了我，就是你所说的，没有父母会故意伤害孩子，恰恰相反，父母的这些行为总是在无意中做出来的。

　　　　没有哪个父母会甘愿做任何一件可能会让孩子在精神、道德或情感方面受到损害的事情，但父母还是那样做了。我经常为自己轻率的言行自责不已，祈祷着不要再犯同样的错误。也许同样的错误不会再犯，但还会有其他类似的糟糕的事情发生。这使我整个人最后都要疯了，因为我担心自己会给孩子造成一生的伤害。

　　这位妈妈的真诚和奉献没有人会质疑。然而，如果她能少一些内疚，多一些技巧，情况也许会好很多。打个比方，如果一个医生看到断臂就哭、见到血就晕倒，那么患者是不会感到安心的。患者都期望医生能具备专业能力和一些同情心，而不是特别情绪化。同样，父母也可以学会用半专业的方式来应对孩子的不成熟。如果父母能够在处理问题时不带过多的情绪，那么这些问题就会迎刃而解。如果父母用歇斯底里的方式来处理问题，那么这些问题可能就会导致严重后果，在未来的日子里长期困扰父母和孩子。

不要害怕失去孩子的爱

　　父母喜欢自己的孩子，但不必时时刻刻都迫切需要孩子的喜欢。有些父母需要通过孩子来证明婚姻的合理性，或体悟生活的意义，结果往往陷入不利境地。因为害怕失去孩子的爱，所以他们不敢拒绝孩子的任何要求，包括放弃对家庭的控制权。孩子察觉到了父母对爱的渴望，便可能无情地加以利用。有的孩子甚至学会了用亲情来威胁妈妈。他们会说："如果……我就不爱你了。"可悲的不是孩子的威胁，而是父母受到了威胁。有些父母真的会被孩子的话影响，他们会哭泣，会乞求孩子继续爱自己，为了安抚孩子，他们甚至会对孩子过度纵容。

宽容和纵容

　　什么是宽容，什么是纵容？宽容是一种接受孩子天性的态度。这就意味着要接受"孩子就是孩子"这一事实。接受在一个孩子身上，一件干净的衬衫不会长时间保持干净，接受孩子的天性是运动而不是静止，接受树是用来爬的，接受镜子是用来做鬼脸的。

　　宽容的本质是接受孩子作为一个有权拥有各种情感和愿望的人。这些愿望有绝对的自由，不受约束。所有的感觉和幻想，所有的思想和愿望，所有的梦想和追求，无论内容如何，都会被接受、被尊重，并可以通过适当的方式进行表达。破坏性行为是不允许出现的，父母会对这种行为进行干预，引导孩子通过语言或其他方式，把这种情绪发泄出来。可供孩子发泄的方式有：向靶子投掷飞镖、锯木头、击打真人大小的玩偶、把恶意录到磁带上、创作讽刺诗句、写推理小说等。简而言之，宽容是接受想象的以及象征性的行为。纵容则是允许不良行为。宽容会增强孩子的自信心，也会强化孩子表达情感和思想的能力；纵容则会带给孩子焦虑，让孩子对父母提出越来越多无法满足的要求。

情绪和行为区别处理

父母需要区分情绪和行为，并对行为加以约束，但不需限制情绪。

这一问题由两部分组成：愤怒的情绪和愤怒的行为。不同部分需要不同的处理方式。情绪需要被识别和表达，行为需要被约束和引导。有时，只要了解孩子的感受本身就可以缓解紧张气氛。

看起来你今天很生气。

我确实很生气。

你心里有点儿不舒服。

你说对了！

你在生谁的气？

你。

告诉我为什么。

你没有带我去看少年棒球联赛，但你带史蒂夫去了。

这让你很生气。我敢打赌，你肯定暗自嘀咕，她爱他比爱我多。

是的。

有时候你真会这么觉得。

我确实是这么觉得。

亲爱的，你要知道，当你有这种感觉的时候，一定要来跟我说。

　　而有些行为必须进行约束。4岁的山姆想要剪掉猫尾巴"看看里面有什么"，妈妈接受了他对科学的好奇心，但态度明确地约束了他的行为：

> · 我知道你想看看里面是什么样子，但尾巴绝对不能剪掉。让我们看看能不能找到一张图片，让你看看里面是什么样子的。

妈妈发现 5 岁的泰德在客厅的墙上乱涂乱画，她说："不，泰德，墙壁不是用来画画的，纸才是用来画画的。给你三张纸。"然后妈妈就开始清理墙壁。泰德感激妈妈的理解，说："妈妈，我爱你。"

与此事形成对比的，是另一种处理方式：

> · 你在做什么？你到底是怎么回事？难道你不知道不能把墙壁弄脏吗？讨厌鬼，我真不知道该拿你怎么办。你等着，等你爸爸回来，我要把你干的好事都告诉他，让他来收拾你。

错误的教育方法 和正确的教育方法

错误和正确的教育方法存在着巨大的差异。

父母有时会制止孩子的不良行为，但忽视了引发这些行为的动机。这些约束通常是父母在愤怒的争吵中设定的，可能不合逻辑、前后矛盾。此外，父母总是在孩子最听不进去的时候，用最容易激起孩子反抗的话来实施教育，结果往往会给孩子留下一种非常消极的印象。孩子会认为，不仅是他做了具体的事受到了批评，而且他这个人也不好。

正确的教育方法可以帮助孩子应对情绪和行为两方面的问题。父母会允许孩子说出自己的感受，并会约束和引导孩子的不良行为。这些约束的方式既能维护父母的尊严，也能保护孩子的自尊心。约束既不能武断，也不能随心所欲，而要具备对孩子的教育意义，塑造孩子的性格。

在执行这些约束方式时，父母不能运用暴力，也不能怒不可遏。孩子对这些约束会有所不满，这是可以预料到的，也是能够理解的，不能因为孩子对这些约束不满，就让孩子接受额外的惩罚。

　　进行这样的教育，孩子可能会自愿接受对自己某些行为的必要约束，并做出改变。从这个意义上来说，父母的教育最终可能会引导孩子变得自律，认同父母的价值观。

宽容和约束的三个区域

对于可接受和不可接受的行为，孩子需要有一个清楚的定义。知道行为被允许的边界以后，孩子会感觉到更安全。可以把孩子的行为分为三个颜色的区域——绿色、黄色和红色。

绿色区域中的行为是孩子要求和父母许可的，也就是父母可以说"是"的区域。

黄色区域涵盖了一些不被认可但出于特殊原因可以容忍的行为，这些特殊原因可能包括以下两点：

（1）给初学者留下的回旋余地。例如，持有初学者驾照的司机在向左转时打右转向灯不会收到罚单。这种错误是可以容忍的，期待他将来有所改进。

（2）在困难时期留有回旋余地。对处于特殊应激状态的人（比如，意外事故、疾病、搬家、与朋友分离、家人死亡等情况）需要留有额外的回旋余地。我们允许这样做，是因为理解人在艰难时期需要新的调整。我们不会假装喜欢这种行为，事实上，只有在特殊情况下，我们才会对这种行为表现出容忍的态度。

红色区域涵盖了绝对不能容忍、必须禁止的行为，包括危害家庭健康和幸福，或危及家庭成员生命和财产安全的行为。其中也包括因突破了法律、道德或社会可接受程度而被禁止的行为。

禁止红色区域行为与允许绿色区域行为同样重要。当允许孩子做出他明知道不应该做的行为时，他的焦虑就会增加。一个孩子认为爸爸的行为准则不正确，因为爸爸允许他随身携带一把弹簧刀。另一个孩子对父母不满，因为父母没有阻止孩子的朋友胡闹，几乎让他的科学实验室被毁了。

在处理不被社会接受的冲动行为方面，年幼的孩子确实会感觉更困难。在孩子努力控制这种冲动的过程中，父母要成为孩子的朋友。父母可以通过约束，给孩子提供帮助。除了阻止危险行为，这种约束还无声地传达了一个信息："你不必害怕自己的冲动，我不会让你越界的。你很安全。"

设置约束的技巧

设置约束，就跟所有的教育方式一样，结果由过程来决定。约束应该明确规定：①什么是不可接受的行为；②什么替代行为是可以接受的。

"你不能扔盘子，你可以扔枕头。"或者用不那么合乎语法，但更有效的语句来表述："盘子不是用来扔的，枕头可以用来扔；弟弟不是用来打的，玩偶可以用来打。"

全面约束比只约束一部分更好。例如，"泼水"和"不往妹妹身上泼水"，这中间有着明显区别。如果约束是"你可以向她泼一点水，只是不要把她身上弄湿了"，那就会招致麻烦。这种含糊其词的说法，让孩子在做决定时没有明确的标准。

在说明约束时，态度要明确，才能向孩子传达一种信息："这条禁令是真的，我是认真的。"如果父母不知道该怎么做，最好什么都不做，只是思考和阐明自己的态度。在设置约束的时候，犹豫不决的人会陷入无休止的争论中。笨拙地实施约束，就成了对孩子的一种挑战，会引发一场意志的较量，最终没有人取胜。阐述约束的方式必须经过深思熟虑，尽量减少孩子的不满，保护孩子的自尊心。设置约束这一过程本身，应该是传达权威，而不是表达侮辱；处理的应该是具体的事件，而不是孩子的整个成长过程。父母应该抵制一劳永逸的做法，下面是一个反面实例：

8岁的安妮和妈妈一起去了百货公司，在妈妈买东西的时候，安妮在玩具柜台里逛了逛，挑选了最想要的三个玩具。妈妈回来后，安妮问："我可以带哪些玩具回家呢？"妈妈刚刚花了很多钱买了一件她自己都不确定是否真的想要的衣服，话也就脱口而出："你还想要玩具？你的玩具多得你都不知道该怎么处理了。你看到什么就想要什么，你该学会克制自己的欲望了。"过了一会儿，妈妈意识到了自己突然发怒的原因，便试图安抚女儿，还买了冰激凌来哄她，但安妮仍然不高兴。

当孩子要的东西父母肯定会拒绝时，至少可以让他拥有这个愿望。因此，安妮的妈妈可以这样说：

> · 你希望可以带一些玩具回家。
>
> · 我敢打赌，你肯定希望可以把整个玩具柜台都带回家。但是今天没有钱买玩具。但你可以用一美分买一个气球或者买一块口香糖。你选哪个，气球还是口香糖？

也许安妮会选择后者，然后这件事就会在妈妈的一句"安妮，拿上你的口香糖"中结束。也许安妮会哭着要玩具。无论是哪种情况，妈妈都要坚持自己的决定，坚持自己提供的两种选择。她可以再次回应女儿对玩具的渴望，表达对女儿的理解，但这次约束还是会维持下去。

> "你希望拥有这些玩具，你非常想要它们，所以你才会哭。我知道的，亲爱的，但是今天买不了玩具。"

针对具体事件进行约束时，可以采用不同的表达方式，以下这个四步法有时可能很有效。

（1）父母意识到了孩子的愿望，并用简洁的语言表达出来：

> ·你希望今晚能去看电影。

（2）父母明确说明对具体行为的约束：

> ·但是我们家规定"上学的晚上不能看电影"。

（3）父母指出至少能达成实现部分愿望的方法：

> ·你可以在周五或周六晚上去看电影。

（4）父母帮助孩子表达受到约束时可能会产生的不满：

> ·显然，你很不喜欢这个规定。
> ·你希望没有这样的规定。
> ·你真希望规定改成"每天晚上都可以看电影"。
> ·等你长大了，有了自己的家，你肯定会改变这条规定。

对孩子进行约束并不是一定要用这种模式，有时这种模式也不一定有效。要先说明约束的内容，然后再来表达自己的感受。如果孩子要向妹妹扔石头，妈妈就要说："不要朝她扔，要朝那棵树扔！"妈妈用手指向树的方向，就能很好地转移孩子的注意力。接下来，她可以关注孩子的感受，并建议孩子用温和的方式来表达这种感受：

> · 你想生妹妹的气就生她的气吧。
>
> · 你可能很生气。你心里可能会恨她，但不能伤害她。
>
> · 如果你想向妹妹扔石头的话，可以向树扔，假装它就是你妹妹。
>
> · 如果你愿意的话，甚至可以在纸上画下她的脸挂到树上，然后扔石头，这样她不会真的受伤。

表达约束的言辞不应该刺激孩子的自尊心。语言简明扼要、客观陈述时，约束的效果更好。比起"你知道上学的晚上不能去看电影"，"上学的晚上不能看电影"就不容易引起不满；"该睡觉了"比"你还太小，不能熬到那么晚，去上床睡觉"更容易被孩子接受。"今天看电视的时间到此结束"比"你今天看的电视节目够多了，关掉电视"要好得多；"不要互相大喊大叫"比"你最好不要对他大喊大叫"更容易被遵守。

当指出物品的功能时，人们更愿意接受约束。"椅子是用来坐的，不是用来站的"比"不要站在椅子上"要更好；"积木是用来玩的，不是用来扔的"比"不要扔积木"或者"我不能让你扔积木，太危险了"要好很多。

让孩子的精力得到释放

孩子的一些问题是由过度约束身体活动引起的。

> · 别跑——你就不能像个正常男孩那样走路吗?
>
> · 不要到处乱蹦。
>
> · 坐直点儿。
>
> · 你明明知道自己有两只脚,为什么还要单脚站立呢?
>
> · 你会摔断一条腿的。

孩子的活动不应被过度约束。为了身心健康,孩子需要跑、跳、爬等。父母担心损坏家具可以理解,但不能因此就忽视孩子的健康。约束身体活动会导致孩子情绪紧张,这种紧张情绪的外在表现就是多动、具有攻击性。

安排一个合适的环境,让孩子身体肌肉得到活动并直接释放能量,是一个很重要的途径,可以让孩子形成良好纪律,也可以让父母生活更轻松,但这一点经常会被父母忽视。

实施约束要果断

如果父母设置的约束非常清楚，在约束时也没有用到冒犯性语言进行表达，孩子通常会遵守。然而，孩子也会时不时地违反规定。问题是，当孩子违反规定时该怎么办？在教育过程中，父母要维持自己和蔼而坚定的成年人形象。应付违反了某种规定的孩子，父母不能喋喋不休地和孩子争论、唠叨，既不应该讨论是否公平，也不应该对此做出太多解释。父母没有必要向孩子解释为什么不能打妹妹，只需说"不可以伤害别人"，也不用跟孩子解释为什么不能打碎玻璃窗，只需说"不可以破坏物品"。

孩子如果违反了规定，因为预想到可能会受到惩罚，会变得很焦虑。这个时候，父母不要再增加孩子的焦虑感。此时父母应该传达的是力量——如果说得太多，传达的则是软弱。在这种时候，孩子需要一个成年人来帮忙控制住冲动且不会有失体面。下面的例子说明了一种不可取的约束方法：

> 我看你没有听到我冲你大喊大叫是不会满意的。（大喊）住手—你要是再扔一件东西，我可就不客气了！

这位妈妈原本可以不用威胁的语气，就可以更有效地表达出她真生气了：

> ·看到这一切，我都快疯了！
>
> ·我很生气！
>
> ·我非常愤怒！
>
> ·这些东西不是用来扔的！球才是用来扔的！

在教育过程中，父母要小心，不要引发一场和孩子意志上的较量。

> 我喜欢这里，我现在不想回家，我打算再玩一个小时。

> 虽然你这么想，但是我不会让你这样做的。

这种说法可能会导致两种结果，而这两种结果都不甚理想：孩子妥协或爸爸妥协。更好的方法是关注孩子想待在游乐场的愿望，而不是关注她挑战权威的威胁。例如，爸爸可以说："我知道你喜欢这里，我猜你希望能多待一会儿，甚至是再待上 10 个小时。但是今天的时间到了，现在我们必须走了。"

如果一两分钟后乌苏拉仍然坚持留下，爸爸可以牵着她的手把她带出游乐场。对于年幼的孩子来说，行动往往胜过语言。

第六章

孩子的一天

在文明社会中，父母总是扮演扫兴者的角色，他们总是对小孩子的乐趣说不：不能吮吸手指、不能挖鼻孔、不能制造噪声。

孩子如果要成为一个社会人，有些约束是避免不了的。然而，父母不应过度约束，以免招致本来可以避免的孩子的不满。

开启美好的一天

妈妈不应该每天早上叫醒孩子上学，孩子不喜欢妈妈来打扰他睡觉、惊扰他的美梦。他害怕妈妈走进他的房间，扯下他的被子，害怕听到她说："起床，已经很晚了！"如果孩子是被闹钟叫醒，而不是被他眼中的"闹钟妈妈"叫醒，对孩子和父母来说都会更好。

8岁的伊冯早上很不愿意起床，她每天都想在床上多赖几分钟。妈妈有时候温柔，有时候严厉，但伊冯依然如故：起床慢，吃早饭时不高兴，上学迟到。每天的争吵让妈妈感到很疲惫。

当妈妈把一件礼物——一个电子闹钟送给女儿后，这种情况得到了显著改善。在礼品盒里，伊冯发现了一张纸条："送给伊冯。你不喜欢别人一大早把你叫醒，现在你可以自己做主了。爱你的妈妈。"伊冯又惊又喜地说："你怎么知道我不喜欢别人叫醒我？"妈妈笑着说："我猜出来的。"

　　第二天早上，闹钟响了，妈妈对伊冯说："还早呢，宝贝。你为什么不再睡几分钟呢？"伊冯跳下床说："不，我上学要迟到了。"

　　不容易醒的孩子不应该和懒惰画上等号，不能立即起床并精神焕发的孩子不应该被贴上"懒虫"的标签。不要批评那些早上很难清醒、无法马上充满活力的孩子。与其跟孩子争吵，还不如让他们再享受10分钟的睡眠时间。把闹钟调得稍早一点儿，就可以实现这一目标。父母传达的话语不应该是愤怒或者警告，而应该是同情和对孩子健康的关注：

> ·今天早上真是很不想起床。
>
> ·躺在床上真是一种享受。
>
> ·再多睡五分钟。

　　这样的话语会使早晨变得轻松起来，营造出一种温馨亲密的氛围。相比之下，下面的语句会引发冲突：

> ·起来，你这个懒虫！
>
> ·马上给我起床！
>
> ·天哪，你就是另一个瑞普·凡·温克尔①。

　　诸如以下语句："你怎么还在床上？你生病了吗？有什么地方不舒服吗？肚子疼吗？头疼吗？让我看看你的舌头。"这些话暗示孩子，想

---

① 瑞普·凡·温克尔：美国作家华盛顿·欧文著名短篇小说《瑞普·凡·温克尔》的主人公，他一觉睡了20年。——译者注

要被温柔照顾的方法就是生病。孩子可能还会认为，妈妈如此体贴地列出了这些疾病，如果他否认了，妈妈会很失望的。为了得到妈妈的照顾，孩子可能会觉得自己需要承认生病了。

忙碌的时间段

当孩子被催促的时候，他反而会行动得慢吞吞的，他会通过拖拖拉拉来抗拒父母催促的"快点儿"。这种行为表面看来根本没什么用，实际上是孩子对抗时间表的武器，因为这些时间本就不属于孩子自己。

父母应该少催孩子快一点儿，相反，应该给孩子列出一个切实可行的时间表，让孩子自己做好按时迎接挑战的准备：

> ·校车十分钟后就到。
>
> ·电影一点钟开始，现在是十二点半了。
>
> ·七点钟开饭，现在已经六点半了。
>
> ·你的客人十五分钟后就到了。

父母简短声明的目的是让孩子知道，父母期望他会准时，并理所当然地认为他能准确完成。

早餐，不说教

早餐不是教孩子人生哲学、道德准则或礼貌举止的好时机。这个时间适合让孩子知道，家里有厨房和餐厅，有愉快的氛围以及美食。一般来说，早餐不适合长时间交谈。父母或孩子通常在这时都爱发些牢骚，很容易就会演变成大发脾气。

衣着，鞋带的战争

在一些家庭中，父母和孩子每天都在为了系鞋带而纠缠。一位爸爸说："当我看到我儿子没系好鞋带的时候，我就非常愤怒。我想知道我们是应该强迫他系上鞋带，还是就让他那样随便走动。尽管他可能无所谓，但我们难道不该教他负责任吗？"

不应该将责任心教育与系鞋带进行联系：为了避免争执，不妨给孩子买一双没有鞋带的鞋子，或者干脆默默地帮他把鞋带系好，什么也不用说。孩子终究能学会自己系鞋带的，这一点父母无须担心。

孩子上学无须穿着华丽的服装，也不必为保持衣物整洁而烦恼。与衣物整洁相比，孩子拥有奔跑、跳跃的自由更为重要。当孩子穿着弄脏的衬衫从学校回来时，妈妈可以说："看来你今天真是活动不少。如果你想换衣服，衣柜里还有一件衬衫。"指责孩子邋遢，以及抱怨洗涤、熨烫麻烦都是没有用的。更务实的做法是，不要指望孩子能把清洁看得比玩耍更重要。相反，人们都会理所当然地觉得，孩子的衣服很快就会弄脏。比起强调整洁的说教，买上十来件便宜的免洗衬衫更有助于孩子的心理健康。

上学，提醒和帮助更有用

在早上的繁忙时间，可以预料的是，孩子可能会忘记拿他的书、他的眼镜、他的午餐盒或午餐费。最好把他容易忘拿的东西交给他，不要再对孩子健忘和不负责任进行说教。

"给你眼镜"比"我想看到你记得戴眼镜的那一天"对孩子更有帮助；"这是你的午餐盒"比"你真健忘，如果你的脑袋没有长在你肩膀上，你恐怕连你自己的脑袋也会忘记"更有用；"这是你的午餐钱"比"那你用什么买午餐"更能得到孩子的感激。

在孩子去学校之前，父母不应该对他进行一连串告诫。"今天要过得开心"比"别惹麻烦"之类的警告好得多。对孩子来说，"两点钟见"比"放学后不要在街上乱跑"更有意义。

放学回家，
父母的迎接很重要

孩子从学校回来，父母与其问他一些老生常谈的问题，比如："在学校过得怎么样？""你今天做了什么？"倒不如对孩子在学校遇到的难题说一些表达理解的话：

> ·你看起来好像辛苦了一天。
> ·我打赌你等不及想要放学了。
> ·回家了你看起来很高兴。

如果孩子放学时父母不在家里，父母最好把自己的去向告诉孩子。一些孩子正在上学的父母会通过书面信息来加深和孩子之间的关系。父母用文字来表达感激和爱意会更容易。有些父母会用录音机留言，孩子可以一遍一遍地听爸爸妈妈说的话。无论如何，这些信息都对父母和孩子之间有意义的交流起着积极作用。

工作一天后和孩子的交流

当父母晚上回到家时，需要一段时间来完成从社会需求到家庭需求间的平稳过渡。无论是父亲还是母亲，回家后面对的都不应该是抱怨和要求。一杯饮料、一个热水澡、当天报纸、每周杂志和一段"不问问题"的时间，可以帮助他们营造出一片宁静的绿洲，大大提高家庭生活质量。孩子从小就会学到，父母回家后，需要短暂的平静和放松。晚餐时应该是交流时间，重点应该放在思想交流上，而不是食物上。父母应该少评论孩子吃什么、怎么吃，少在餐桌上对孩子进行教育。

就寝，和谐的睡前时光

在有些家庭，睡前的时间是闹哄哄的，孩子和妈妈形成了一个相互折磨的关系。孩子想尽可能晚睡，而妈妈则希望孩子早点上床休息。晚上就成了妈妈不断催促的高峰时期，也变成孩子努力抗拒的理想时刻。

学龄前的孩子需要爸爸或妈妈陪陪他们，哄他们入睡。父母在睡前和每个孩子说说悄悄话，让孩子们开始期待睡前时光。他们珍视与爸爸或妈妈独处的时刻。如果父母肯用心倾听，孩子就会分享自己的恐惧、期待和愿望。这种亲密互动能减少孩子的焦虑，使其安心地酣然入睡。

有些年龄稍大一些的孩子也喜欢父母哄睡，父母应当尊重并满足孩子的这一需求。父母不应因孩子有看似"幼稚"的要求而批评他们。对于年龄稍大的孩子，就寝时间可以更灵活一些。

> ·睡觉时间在 8 点到 9 点（或 9 点到 10 点），你可以自己决定什么时候上床睡觉。

　　如果孩子声称他"忘记"了上厕所或者想要喝水，父母应该避免和孩子争执。如果孩子频繁让妈妈到自己房间，妈妈就应该告诉他："我知道你希望我能多陪你一会儿，但现在这个时间我该去陪爸爸了。"孩子需要知道，在某些情况下，父母是要把孩子排除在外的。

父母外出不需要孩子的许可

在一些家庭中，孩子有权决定父母能否外出，父母需要征得孩子的同意，才能离开家在外过夜。有些妈妈就是因为预料到了回家后会爆发争吵，所以才不外出去电影院或剧院。

父母并不需要得到孩子的允许才能过自己的生活。如果孩子因为父母晚上要出去就大哭，父母对孩子的这种恐惧也不用谴责，但不能只为满足孩子的愿望而放弃自己的生活。孩子不愿意被留在家里和保姆待着，父母可以理解和同情孩子的这种想法，但没有必要听从他的安排。对于哭闹的孩子，父母可以说："我知道你不希望我们今晚出去，有时候我们不在家你会害怕，你希望我们能和你在一起。但你爸爸今晚要和我去看电影（或者去见朋友、去参加晚宴、去参加舞会）。"

面对孩子的反对、恳求或威胁，父母应该坚定而亲切："你希望我们能和你待在一起，但我们已经都安排好了，今天晚上要一起出去。"

电视内容选择权
不完全交给孩子

要讨论孩子一天的生活，就不能不评估电视内容对孩子价值观和行为的影响。孩子都喜欢看电视。比起读书、听音乐或者和人交谈，孩子可能更喜欢看电视。

对于赞助商来说，孩子就是完美的观众：他们很容易受到影响，更容易相信广告。他们学习广告词的能力非常惊人，而且非常喜欢用广告词来不厌其烦地哄骗他们的父母。他们对电视节目的要求非常低——不需要有什么创意，也不需要具备艺术性，甚至一些骑马和拿枪的画面就能引起他们的兴趣。因此，日复一日，每天数个小时，孩子面对的，是广告、广告词和暴力交织在一起的内容。

父母对电视有两种看法：一方面，他们很高兴电视能吸引孩子的注意力，使他们有事可做，不会招惹麻烦；另一方面，他们又担心这样会对孩子的视力和心灵造成伤害。至于看电视对视力的影响，专家向家长保证，孩子即便长时间看电视也不会伤害视力^①。然而，关于电视对孩子性格的影响，还没有定论，专家给出的意见各不相同：

> （1）电视对孩子有害：会引发孩子对暴力的渴望、对人类的苦难麻木不仁。
>
> （2）电视对孩子有好处：戏剧化的暴力表演有助于孩子释放敌对情绪。
>
> （3）电视对孩子影响不大：性格和价值观是由父母和同伴塑造的，而不是由屏幕上的影像塑造的。

有一点人们都同意：电视占据了孩子一天中相当长的一段时间，孩子看电视的时间比和父母在一起的时间还多。色情和暴力镜头即便只是单纯娱乐，也确实不会对孩子产生更加积极的影响。在有些家庭中，父母只允许孩子周末看电视。而在另一些家庭中，在征得父母同意的情况下，孩子可以在特定时间选择看一些特定的节目。这些家长认为，看电视就像吃药一样，必须在规定的时间按正确的剂量服用。

越来越多的家长认识到，不能把节目的选择权完全交给孩子。父母不愿意让自己家客厅的电视机里播放暴力画面，来影响自己的孩子。

---

① 《时代》杂志（1964 年 11 月 6 日第 76 页）刊登了一篇报道，标题为《那些疲惫的孩子们》，报道内容很让人忧虑。报道中提到，两处空军基地的儿科医生对一些年龄在 3 到 12 岁的孩子身体状况很是困惑。这些孩子都有慢性疲劳、头痛、失眠、胃部不适或呕吐等各种症状，在医学方面没有找到具体病因。在父母的不断催问下，医生发现这些孩子都是电视迷：周一至周五，他们看电视时间为 3 到 6 个小时；周六和周日，看电视时间则为 6 到 9 个小时。医生对这些孩子采取的治疗方法彻底而有效：在一段时间内，完全不让孩子看电视。遵守医生规定的孩子症状消失了，而那些无视规定的孩子，症状仍然存在。

父母有权保护自己的孩子，不让孩子每天接触那些不适合他们的内容。虽然父母不需要保护孩子免受所有悲剧的影响，但需要保护他们免受娱乐节目的影响——在有些娱乐节目中，暴力画面是一种娱乐套路。

第七章

嫉妒

新生儿到来，
如何避免其他孩子受伤害

与父母不同，孩子对家庭中存在嫉妒并不会质疑。他们早就知道了嫉妒的意义和影响。不管准备得多么充分，新生儿到来还是会让其他孩子感觉到嫉妒和受伤害。嫉妒、羡慕和竞争是不可避免的情景，对这些情况未能提前预见，或者对这些情景的出现感到震惊，只会让家庭离幸福越来越远。

对于小孩子来说，弟弟妹妹的降生，是他生命中遭遇的重大危机。他的人生轨迹突然发生了变化，需要父母的引导和帮助。父母要想对孩子有所帮助，就不能仅仅感情用事，而需要了解孩子的真实情感。

在向年幼的孩子宣布这一值得庆祝的事情时，最好不要解释太多，也不要带有错误的期望。

· 我们太爱你了，你太棒了，所以爸爸和我决定再要一个像你一样的孩子。你会喜欢这个宝宝的，你会为他感到骄傲，这样也就有人一直陪着你玩了。

　　这种解释听起来既不怎么坦诚，也无法令人信服。孩子会得出这样一种更符合逻辑的结论：

> ·如果他们真的爱我，就不会再要另一个孩子了。
>
> 我不够好，所以他们才想用另一个宝宝来换掉我。

　　分享妈妈的爱是痛苦的。孩子根据自己的经验知道，分享就意味着得到的更少，就像分享一个苹果或一块口香糖那样。孩子想到要跟人分享母爱就已经够担忧的了，父母还期待孩子会因此而高兴，这就超出了孩子能理解的逻辑范围。随着妈妈孕期的推移，孩子的怀疑似乎也更有道理了，因为他注意到，宝宝虽然还没有出生，但已经吸引了妈妈的注意力。妈妈对他已经不那么关注了，妈妈会因身体不适而卧床，或因疲惫而需要休息。孩子连妈妈的腿上也不能坐了，因为那里已经占据了一个看不见却一直存在的入侵者。

　　父母不要向年幼的孩子高调宣布宝宝的到来，只要简单地说一句"我们家要有个小宝宝了"即可。不管孩子当时有什么反应，父母都要明白，孩子心里有许多问题还没问出口，还有许多担忧未曾表露。幸运的是，父母有能力帮助孩子度过这段时期。

　　新生儿的到来，确实会对孩子的安全感产生一定威胁，这是无法改变的事实。然而，这一时期产生的压力和紧张情绪，对孩子性格的影响，则取决于父母的智慧和技巧。

　　5岁的维吉尼亚发现妈妈怀孕了，她非常高兴，画了一幅和弟弟在一起生活的画，画面上阳光明媚，开满了玫瑰花。妈妈说："有时弟弟会很有趣，但有时他也会很麻烦。他会哭闹，还会把婴儿床尿湿，把尿布弄脏，身上臭烘烘的。妈妈得给他洗澡、喂他吃奶、照顾他。你可能会觉得自己被冷落了，也可能会感到嫉妒，你甚至可能会在心里想着：'妈妈不再爱我了——她爱的是宝宝。'如果你有了这种感觉，一定要来告诉我，我会给你更多的爱，这样你就不用担心了，你会知道我很爱你。"

一些父母可能会犹豫是否要采用这种方法，他们害怕会把"危机"的想法灌输给孩子。其实父母可以放心，这些想法对孩子来说并不新鲜。父母的态度只会带来好处——这种态度说明父母理解孩子的感受，同时可以消除父母的愧疚感，还能让父母和孩子关系更亲密、交流起来更容易。孩子可能会对新生宝宝感到不满，最好的办法就是让孩子大声说出自己的苦恼，而不是让孩子一个人默默忍受煎熬。

表达嫉妒，用语言还是表现

当孩子压抑着自己内心的嫉妒情绪时，嫉妒就会以伪装的形式，通过各种行为表现出来。例如，当孩子对他的弟弟不满，但又被禁止表达他的感受时，他可能就会梦见自己把弟弟从窗口推了下去。做梦的孩子可能会吓得尖叫着醒过来，甚至会跑到弟弟床前察看弟弟是不是还好。在发现弟弟安然无恙后，孩子可能会非常高兴。父母看到后，还误认为孩子这样是出于对弟弟的爱。

噩梦是孩子表达恐惧的一种方式，当他不敢把想法说出来时，就会在噩梦中用图像的方式来表达。对孩子来说，用语言表达嫉妒和愤怒要比用噩梦表达好得多。

在妹妹出生后不久，5岁的沃伦突然出现了一系列哮喘症状。沃伦的父母认为他非常爱护他的妹妹。医生找不到沃伦得哮喘病的生理原因，便把他转到一家心理健康诊所，沃伦可以学着用语言来表达自己的嫉妒和愤怒。

有些孩子不会用语言表达内心的嫉妒，而是通过咳嗽等方式来表现；还有些孩子会尿床，用身体的异常表达情感。有些孩子则表现出极具破坏力的行为：他们说不出自己的憎恨，却会摔坏盘子。有些孩子会啃指甲或拽头发，以此来掩饰自己想要伤害兄弟姐妹的冲动。以上孩子都需要学会用语言来表达他们的感受，而不是用其他方式来表达。在帮助孩子释放情绪的过程中，父母起着关键作用。

为了安全起见，父母需要假设自己的孩子有嫉妒心，尽管这种情绪有时很难察觉。嫉妒有很多面孔，也有很多伪装：它可以表现为不断竞争，也可以表现为避免所有竞争；可以表现为咄咄逼人，也可以表现为温顺；可以表现为慷慨大度，也可以表现为贪婪无情。童年时期没能解决的竞争问题可能会酿成苦果，这种案例在成年人的生活中随处可见。比如，总想着和路上每辆车一较高下的人，输掉一场乒乓球比赛都无法保持体面的人，为了证明自己的某个观点，总是随时准备用自己的生命和财产作为赌注的人，或者即便付出的代价超出了自己的承受能力也义无反顾的人。也有一些人逃避一切竞争，还没竞争就失去信心，总是退避着让出重要的位置，还有一些人甚至连自己的合法权益都不敢争取。因此，兄弟姐妹之间的竞争对孩子生活的影响，远比人们意识到的要大得多。这种影响可能会给孩子的个性烙下不可磨灭的印记，甚至会转变孩子的性格。

嫉妒源于小宝宝希望成为妈妈唯一"挚爱"的愿望。这种占有欲极其强烈，根本容不下任何竞争对手。在弟弟妹妹降生后，孩子便开始和他们争夺父母的关爱。这种争夺或是公开的，或是隐秘的，具体取决于父母对待嫉妒的态度。有些父母对兄弟姐妹间的竞争非常愤怒，会惩罚一切明显表现出嫉妒的行为。另一些父母则更为谨慎，试图避免引发孩子之间的嫉妒。他们会尝试着让孩子相信，父母会平等地爱所有的孩子，不需要嫉妒对方。父母会公平地给每个孩子分配礼物、表扬、假期、关爱、衣服和食物。

　　然而，这两种方法都不能消除嫉妒，无论是惩罚还是表扬，都无法满足孩子希望成为父母唯一的关注对象。这样的欲望无法得到满足，嫉妒也永远无法彻底消除。然而，嫉妒之火最终会不会熊熊燃烧，取决于父母的态度和处理方式。

应对嫉妒的态度

在正常情况下，年龄和性别的差异可能会引起兄弟姐妹之间的嫉妒。哥哥可能会被嫉妒，因为他享有更多的特权并显得更加独立；幼小的弟弟或妹妹可能被嫉妒，则是因为他们获得了更多的宠爱和关照。妹妹或许会嫉妒哥哥，因为他看起来拥有更多的自由；而哥哥也可能嫉妒妹妹，因为她似乎得到了特别的优待。

当父母出于自己的需要，根据年龄和性别差异对孩子进行区别对待的时候，嫉妒也就产生了。当婴儿受到重视时，相对独立的 6 岁孩子就会感到受了冷落，孩子的嫉妒心便油然而生。如果某个孩子因为性别、外貌、智力、音乐才能或社交技能而被重视，也会引起其他孩子的嫉妒。特殊的天赋有时会引起嫉妒，但导致孩子间无休止竞争的，往往是父母对孩子某种特质或天赋的过度重视。

我们并不建议对大孩子和小孩子一视同仁。相反，随着年龄的增长，孩子应当享有新的特权并承担新的责任。

与年幼的孩子相比，年长的孩子理应拥有更多零用钱、更晚的睡觉时间和更大的外出自由。这些特权应当公开并大方地给予孩子，这样所有孩子都会对成长充满期待。

小孩子可能会嫉妒大孩子享有的特权。父母可以帮助小孩子调整他的情绪，不要解释事实，而要理解孩子的感受：

> · 你希望你也能晚一点儿睡。
>
> · 你希望你能再长大一点儿。
>
> · 你希望你不是 6 岁，而是 9 岁。
>
> · 我知道，但你现在该睡觉了。

父母要求一个孩子为另一个孩子做出牺牲时，可能会在无意中助长了嫉妒心理：

> · 宝宝需要你的床，你可以到沙发上去睡。
>
> · 对不起，今年不能给你买新的溜冰鞋了，我们需要钱来给宝宝买棉衣。

这样做的不当之处在于，孩子可能会觉得他不仅被剥夺了自己的东西，还被剥夺了父母的爱。因此，在提出这些要求时，父母应该对孩子表现出关爱和感激，来消除孩子的抵触情绪。

摆脱嫉妒的方法

年幼的孩子会毫不掩饰地表达自己的嫉妒：他们会建议把弟弟妹妹送回医院或者扔进垃圾桶。更胆大的小孩子甚至可能会采取暴力手段来对抗"入侵者"，他们可能会攻击自己的弟弟妹妹，会在任何可能的情况下推或打他们。

父母不能容忍孩子欺凌他的弟弟妹妹。无论是身体上的攻击，还是言语上的伤害，都必须被严厉禁止。这种行为受伤的不仅是受害者，施暴者同样会受到影响，因此他们都需要父母的关爱。在保护小宝宝的身心安全的同时，父母还需要关注年龄较大的孩子的情感需求。

父母发现3岁的孩子正在打扰宝宝，应该立即制止，并明确指出他这样做的原因：

- 你不喜欢宝宝。
- 你在生他的气。
- 让我看看你有多生气。我会看着的。

父母应该给孩子一个大大的玩偶娃娃，让他对着玩偶娃娃发泄自己的愤怒。

　　父母需要做的就是从中立的角度进行观察，用同情的语言做出回应，而不是对孩子的攻击行为表现出震惊。孩子的感情很真实，但是攻击弟弟妹妹的行为是错误的。孩子的愤怒最好能象征性地发泄到一个没有生命的物体上，而不要直接发泄到婴儿身上，或者表现在孩子自己的身上。

　　我们的评论应该简明扼要：

> ·你让我看到了你有多生气！
>
> ·现在妈妈知道了。
>
> ·你生气的时候就来告诉我。

　　相较于惩罚或羞辱，这种方式在缓解嫉妒情绪方面更为有效。相反，以下方法并不可取：

　　妈妈撞见4岁的沃尔特拽着他弟弟的脚，她勃然大怒："你是怎么回事？你不知道这样会使弟弟受伤吗？我跟你说过多少次了，不要把弟弟从婴儿床上抱起来。"

　　大点儿的孩子也应该面对自己的嫉妒情绪，在跟他们交谈时，父母可以更加开诚布公：

> ·很明显，你不喜欢有弟弟妹妹。
>
> ·你不希望他在这儿。
>
> ·你希望你是唯一的一个。
>
> ·你希望我只属于你一个人。

> · 看到我和他在一起时，你会生气。
>
> · 你想让我和你在一起。
>
> · 我知道你非常生气，但我绝不允许你伤害弟弟，当你觉得被冷落的时候，可以告诉我。
>
> · 你感到孤独的时候，我会花更多时间陪你，这样你心里就不会感到孤独了。

爱是平等的，还是独一无二的？是讲究质量，还是讲究平等？那些想对每个孩子都绝对公平的人，往往最后对所有的孩子大发雷霆。因此，追求绝对的公平往往会适得其反。如果妈妈因为担忧其他孩子会嫉妒，就不敢给孩子更大点儿的苹果或更有力的拥抱，生活就会让人难以忍受。不管是衡量情感的天平，还是计算给予的物质，都会让人感到筋疲力尽。孩子并不期望能得到平等的爱，他们渴望的是独特而专属的关爱，而不是千篇一律的对待，关键在于爱的质量，而非数量上的平等。

父母无须用同样的方式去爱每一个孩子，也无须刻意伪装这样做。父母对每个孩子的爱都是独特的，毫无必要费尽心思掩饰。越是试图掩饰差别对待，孩子反而越能敏锐地察觉到不公。

父母要避免陷入关于决定是否公平的无休止的争论之中。尤为重要的是，父母不要为了公平，而被迫平等地分配自己的爱。

父母应该表明与每个孩子之间的关系都是独特的，而不是所谓的公平的。

如果父母花费了几分钟或几个小时，只和一个孩子在一起，在这段时间里，就要让男孩觉得他就是唯一的儿子，让女孩觉得她就是唯一的女儿。如果只带着一个孩子外出，就不要再为其他孩子操心，不要谈论其他孩子。为了让这一刻独处的时光令人难忘，父母的注意力就必须集中在眼前的孩子身上。

第八章

孩子焦虑的根源

父母察觉到，每个孩子都有自己的恐惧和焦虑。然而，他们并没有意识到这种焦虑的来源。父母经常会问："为什么我的孩子这么害怕？他没有理由害怕。"一位爸爸甚至对焦虑的孩子说："别再胡说八道了，你明知道自己非常幸福。"

描述孩子焦虑的来源、提供应对焦虑的方法，可能会对父母有所帮助。

害怕被抛弃引发的焦虑

孩子最大的恐惧，是不被父母爱着，要被父母抛弃了。正如约翰·斯坦贝克在《伊甸之东》中说的那段话一样："一个孩子最大的恐惧就是他不被爱，拒绝更是让他害怕的地狱……拒绝会伴随着愤怒，愤怒又伴随着某种报复的犯罪……第一种孩子被拒绝了，没得到他渴望的爱，于是踢了猫一脚，隐藏了内心的愧疚；第二种孩子偷窃东西，以为有钱了就能让人爱他；第三种孩子在世界上占据绝大多数比例——他们总是心怀愧疚、报复，再有更多的愧疚。"

永远不要用抛弃来威胁孩子。无论是在开玩笑还是在生气时，都不应该威胁孩子说要把他抛弃。在街头或超市里，人们经常会听到生气的妈妈对磨蹭的孩子大喊："如果你不马上过来，我就把你扔到这儿。"这样的话语会引起孩子内心深处对被抛弃的恐惧，会让孩子幻想着独自留在这个世界的情景。如果父母无法容忍孩子的磨蹭，与其用言语威胁他，不如直接帮助他。

有些孩子放学回到家，发现妈妈不在，就会感到害怕。这时孩子心中潜在的那种害怕被抛弃的焦虑瞬间被唤醒了。父母可以用公告板或者录音机留下信息，这样会对孩子很有帮助。对于小孩子来说，录音信息的效果尤其显著。孩子能听到父母的声音，平静的话语中满是关怀，这能帮助孩子减少焦虑，接受短暂的分离。

如果因为生活中的某些客观原因，父母被迫要和年幼的孩子暂时分开，父母就要提前做好充分的准备。然而，在有些时候，父母很难开口向孩子解释。因为担心孩子的反应，他们选择在晚上或孩子上学的时候偷偷溜走，让亲戚或保姆来跟孩子解释这种情况。比如，一位妈妈要住院做手术，她有一对 3 岁的双胞胎孩子，家人都感到紧张不安，孩子却对此毫不知情。在住院那天早晨，妈妈假装要去超市，手里拿着购物袋离开了家，然后在医院住了整整三周时间。在这段时间里，两个孩子显得无精打采。爸爸的安慰没有任何作用，孩子每晚哭着入睡，白天则长时间望向窗外，期盼着妈妈回来。如果孩子事前有所准备，也许能更从容地应对分离压力。有意义的准备，不是简单的口头解释，而是用孩子在玩游戏时使用的语言与他们进行交流。

再看另一个例子。在住院前两周，妈妈把即将发生的事情告诉了3 岁的伊薇特。伊薇特并没有表现出什么兴趣，但妈妈并没有放弃同孩子的交流，而是说："我们玩个游戏吧，这个游戏叫'妈妈要去医院了'。"妈妈专门买了一套娃娃玩具，娃娃扮演家庭成员，还有一个医生和一个护士。妈妈一边摆弄对应的玩具，一边用人物的语气说话：

> ·妈妈要去医院治病，妈妈不会在家里了。伊薇特很想知道，妈妈去哪里了？妈妈在哪里呢？妈妈不在家里，她不在厨房里，不在卧室里，也不在客厅里。妈妈在医院里，去看医生了，去治病了。伊薇特哭了，我要妈妈，我要妈妈！但是妈妈在医院治病。妈妈很爱伊薇特，也很想念她，妈妈每天都想念她。妈妈想念伊薇特，爱伊薇特。伊薇特也想念妈妈。然后妈妈回来了，伊薇特很高兴。

　　母女俩一遍又一遍地上演着分离与重逢的戏码。起初，大部分话都是妈妈说的，但很快伊薇特就接着说起来。伊薇特用扮演自己的娃娃，告诉医生和护士要精心照顾妈妈，让妈妈快点好起来，妈妈就能早点回家。

　　妈妈去住院之前，伊薇特想和妈妈再表演一次。这次的大部分台词都是伊薇特说的，演完以后她安慰妈妈说："别担心，妈妈，你回来的时候，我会在这里等你的。"

　　妈妈临走前还贴心地进行了一些安排：她向伊薇特介绍了新来的保姆，又在梳妆台上放了她和伊薇特的大合照，还用一台小录音机录了很多充满关怀的留言。在不可避免的孤独时刻，妈妈的照片和留言，会让伊薇特确信，妈妈的爱一直陪在她身边。

内疚引发的焦虑

内疚就像盐一样，是生活中有用的调味料，但它绝不能成为主菜。当孩子违反了社会规则或道德规范时，内疚的情绪就会油然而生。当孩子的负面情绪被压制下去的时候，深重的愧疚感和焦虑感就会不可避免地出现。

为了避免孩子产生不必要的内疚情绪，对待孩子的违规行为，父母应该像优秀的修理工处理故障汽车那样，不仅要指出需要修理的地方，还要会判别哪里出了问题，思考麻烦的根源可能是什么。

如果孩子内心深处很清楚，自己真的可以自由地思考，而不必担心会因此失去父母的关爱和认可，这对孩子来说，会是极大的安慰。下面这些表述方法很实用：

> · 你感觉是这种方法，但我感觉是另一种方法。我们对这个问题的感觉不同。
>
> · 我的观点与你的不同，我尊重你的观点，但我有另一个方法。

父母的解释过长，可能会潜移默化地让孩子产生负罪感。哪怕事情错综复杂，哪怕孩子还很不成熟，一些父母也认为必须在征得孩子同意后才能进行教育。

5岁的扎卡里对他的幼儿园老师很生气，因为老师已经请了两周的病假。在老师回来的那天，他抓起老师的帽子跑到了院子里，妈妈和老师都跟在他的后面。

> 老师：这顶帽子是我的，把它还给我。
>
> 妈妈：扎卡里，你很清楚那顶帽子不是你的。如果你拿着那顶帽子不还，玛尔塔小姐可能就会感冒，然后会再次生病。玛尔塔小姐病了两周了，你不是也知道吗？扎卡里，你不想让你的老师再次生病的，对吧？

这样解释的危害在于，扎卡里可能会觉得自己对老师的病负有责任，并且会感到内疚。

妈妈那冗长的解释，不但跟主题毫无关系，还对孩子有一定的误导。在这时候，唯一需要做的就是找回那顶帽子。拿回帽子胜过进行各种解释。

也许在稍晚一点的时候，老师就会和扎卡里好好讨论他对老师缺席有多愤怒，然后老师会指出更好的办法来帮助扎卡里应对愤怒情绪。

成长空间被剥夺引发的焦虑

如果孩子要参加早已经准备好的活动，或者要承担自己准备承担的责任，这时被阻止了，他内心就会感到愤怒，继而引起焦虑。

小孩子不可能一开始就熟练地掌握各种技能，他们要花费很长时间，才能学会系鞋带、扣外套扣子、穿雨鞋、拧开瓶盖或转动门把手。对于他们来说，最好的帮助就是耐心等待，并对任务的难度稍微加以评论：

> · 穿上这种雨鞋可不容易。
> · 这个罐子的盖子很难拧开。

无论孩子的努力是成功还是失败，这些评论对他都会有所帮助。如果孩子成功了，他会因为自己完成了一件很有难度的家务而感到满足；如果失败了，父母对任务难度的理解会让孩子感到安慰。无论是哪种情况，孩子都会得到父母的同情和支持，从而使亲子关系更加亲密。孩子不会因为没有完成任务，就否定自己。

有一点至关重要——不能用成年人的标准来要求孩子。从孩子情感的层面来看，这个代价是无法承受的：它不仅会耗尽孩子的资源，扼杀孩子的兴趣，阻碍孩子的成长，甚至可能会导致孩子情绪崩溃。

父母冲突引发的焦虑

当父母发生争吵时，孩子往往会感到焦虑和内疚——焦虑源于家庭稳定性受到了威胁，内疚则源于孩子在家庭冲突中扮演的真实或想象的角色。孩子通常会认为自己是引起家庭冲突的原因。

在父母引发的家庭冲突中，孩子往往不会保持中立，他们要么会站在爸爸一边，要么会站到妈妈一边。但是，不管站在哪一边，对他们的性格发展都不利。如果男孩嫌弃爸爸，或者女孩嫌弃妈妈，那么孩子对自己的身份就没有一个合适的认同模式。嫌弃是通过厌恶来表达的，具体表现为对认同他人特征、效仿他人价值观和模仿他人行为的厌恶。在极端情况下，这种嫌弃还可能导致性别认同混乱，无法以自己的生物性别来正常生活。如果男孩嫌弃妈妈，或者女孩嫌弃爸爸，这个孩子在长大后，就可能会对异性产生怀疑和敌意。

如果父母争夺孩子的爱，他们通常会采取一些不符合教育理念的手段，如贿赂、奉承或撒谎。如此一来，孩子便会长久陷入到底应该偏向爸爸还是偏向妈妈的分裂情感中，并在这种矛盾心理中长大。此外，孩子有时需要保护父母中的一方不受另一方的伤害，或者帮助父母中的一方来对抗另一方，这种经历会在孩子性格中留下永久的印记。

活动受限引发的焦虑

在现代一些家庭中，小孩子因缺乏运动空间而闷闷不乐。狭小的公寓和昂贵的家具，限制了孩子攀爬、跑动和跳跃等各种活动。这些限制通常在孩子很小的时候就已经出现了：婴儿可能不被允许站在婴儿车里，蹒跚学步的孩子不被允许爬楼梯，小孩子也不被允许在客厅里跑来跑去。

这种限制会让孩子情绪紧张，积累的紧张情绪会导致他们焦虑。在对问题的描述中，我们已经指出了解决办法：他们需要通过体育活动来释放紧张的情绪；他们需要有奔跑的空间，有足够的玩具来玩耍；他们需要有一个房间或一个院子，让他们可以在一个安全的环境中自由自在地活动。

生命终结引发的焦虑

对于成年人来说，死亡的悲剧在于，它具有不可逆性。死亡，是最终的结局，也是一个永恒的结局，是所有希望的终结。因此，死亡对个人来说，是无法想象的：没有人能想象出自己死亡的场景，也想象不出自己的身体怎样消亡。自我意识包括了回忆和希望，由过去和未来组成。一个人无法面对没有未来的自己，宗教信仰带来的安慰正好属于这个领域，信仰让人们相信有来生，这样人就可以平静地生活，平静地死去。

如果对成年人来说，死亡是一个谜，那么对孩子来说，死亡就是一个蒙着神秘面纱的谜。小孩子不能理解，为什么死亡是永恒的，为什么逝去的人不能起死回生。面对死亡，孩子的愿望都没有起作用，这对孩子来说是一个沉重的打击，动摇了他原本一厢情愿地认为自己有能力影响事件的信心，这种情况使他感到无助和焦虑。当孩子发现，无论他如何痛哭或抗议，他挚爱的宠物或亲人都不会再重新回到自己身边时，他会觉得自己被抛弃了，不再被他们爱着了。孩子往往会问许多问题，这些问题就反映出了孩子的恐惧："如果你死了，你还会爱我吗？"

有些父母试图保护孩子，不让孩子经历失去所爱带来的伤痛。孩子养的金鱼或者乌龟死后，父母会迅速换上新的，希望孩子不会察觉异样。如果孩子养的猫或狗死了，他们会赶紧找来一个更漂亮、更昂贵的替代品，以免孩子伤心。

从小时候经历的这些突然失去和快速替代中，孩子会学到些什么经验呢？他可能会得出结论：失去所爱并不是什么重要的事，爱可以随意转移，忠诚也可以轻易改变。

孩子不应该被剥夺悲痛的权利，而应该能够自由地感受失去所爱的悲痛。如果孩子能够为生命和爱的终结而悲叹，他的人性就会得到深化，他的品格也会因此而得到升华。

而达到这一目的的基本前提是，当家庭生活中发生了不可避免的喜怒哀乐需要家人共同分享或分担时，孩子不应被排除在外。如果家人去世却没有人告知孩子真相，他可能会陷入一种莫名的焦虑之中。或者，孩子可能会用他自己恐惧而混乱的解释，来填补这种信息方面的缺失。他可能会因为失去亲人而自责，觉得自己不仅与逝者分离，还和活着的人分开。

帮助孩子面对死亡，先要让他们充分表达自己的恐惧、期待和感受。向关心自己的人倾诉自己心中最深刻的感受，对孩子来说，是一种安慰。孩子会有一些很难表达的感受，父母可以帮助他们用语言表达出来。例如，当孩子非常依恋的祖母去世后，父母可以这样说：

> · 你想念奶奶。
>
> · 你非常想念她。
>
> · 你那么爱她。
>
> · 她也爱你。

- 你希望她能和我们在一起。
- 你希望她还活着。
- 很难相信她已经去世了。
- 很难相信她已经不在我们身边了。
- 你对她的一切都记得那么清楚。

　　这些话可以让孩子知道，父母很关注他的感受和想法，也鼓励他说出自己心里的恐惧和期待。孩子可能想知道死亡是不是会疼、死去的人还会不会回来、自己和爸爸妈妈是不是也会死去。父母对孩子的回答应该简洁而真实：当一个人死了以后，身体就一点也不会感到疼痛了；死去的人永远不会回来了；如果一个人年纪很大了，死亡是很自然的事。

　　在和孩子谈论死亡时，最好不要用委婉的说法。

　　一个4岁的小女孩知道爷爷长眠于地下以后，便开始追问，爷爷是不是带走了他的睡衣。她还担心爷爷会生她的气，因为在爷爷去世前，她没有对爷爷说"晚安"。

　　一个5岁的小男孩听说"奶奶去了天堂，变成了天使"以后，便开始祈祷，希望如果家里的其他人去世也都会变成天使。

　　如果能简单且诚实地把事实告知孩子，再给孩子一个充满关爱的拥抱和一个慈爱的眼神，孩子就会感到安心。如果父母自己已经接受了生和死的现实，这种方法会很有效。在一些重要的事情上，态度比言语更有说服力。

第九章

一个需要谨慎对待的重要话题

有些父母认为，性教育就是进行谈话。在孩子即将进入青春期的某一天，父母把孩子叫到一边，告诉他们"生活的真相"。男孩会被警告性病的危险，女孩会被告知怀孕的危险。在此之前，性教育其实早就已经开始了。

性教育始于父母对自己身体体验的态度。他们是喜欢看到或者触摸到自己的身体，还是认为这样做非常粗俗、不雅？在看到彼此赤裸的身体时，他们是喜欢，还是闭上眼睛、羞愧地遮盖住自己的身体？对于自己与伴侣的性行为，他们是厌恶，还是彼此欣赏？他们会把对方视为不懂体贴、只会索取的自私的伴侣，还是会觉得对方是令人振奋、共享快乐的伴侣？

无论父母没有说出口的感受是什么，或者他们试图用语言来掩饰，孩子还是会感觉到。父母很难准确地回答孩子关于性的问题，这就是症结所在。父母先要了解自己在这方面有哪些困惑，不要再忧虑，也不要再尴尬。

性感觉的开始

从出生开始，婴儿就具备了感受身体快乐的能力，从那时起，性态度就已经在形成了。孩子一有活动能力，就开始探索自己的身体。他们会摆弄自己的四肢，喜欢被父母抚摸、挠痒痒和拥抱。从某种意义上说，这些早期的抚触也算是性教育的一部分。通过这些行为，孩子学会了接受爱。

曾经有一段时间，妈妈会被警告不要抱着孩子玩耍，以免宠坏孩子。但妈妈本能地知道，陪孩子玩不可能会宠坏孩子，婴儿需要大量温柔爱抚的照顾。

当孩子发现嘴能带给自己更多的快乐时，就把所有能拿到的东西都放到了嘴里，如手指、毯子、玩具等。吮吸、咀嚼和撕咬，即使是不能吃的东西，这些动作也能带给孩子愉悦。孩子喜欢这种感觉，父母不应该阻止，而应该进行规范——必须确保孩子放进嘴里的东西是卫生的。有些宝宝通过吃东西，就可以获得所有的乐趣，有些宝宝则还需要加上吸吮的动作，父母应该毫不吝啬地让孩子去尝试。孩子出生后的第一年，嘴是孩子了解这个世界的主要途径，可以让孩子愉快地体验这个过程。

如厕训练

在出生后的第二年，孩子会更加专注于排泄的乐趣。对他们来说，看到粪便的样子、闻到粪便的气味和触摸粪便都不是令人讨厌的事。父母在引导孩子养成文明排便的习惯时，需要特别注意，不要让孩子对自己的身体和排泄物产生厌恶感。如果父母采取严厉的手段，或者采取草率的措施，可能会让孩子觉得他的身体是让人恐惧的，而不是让人享受的。

训练时如果缺乏耐心，就会弄巧成拙。多数孩子在 2 岁之前是不会控制排便的，在 3 岁之前也很难控制排尿。只要孩子还不到 5 岁，就不要责备孩子出现这些小意外。

在早期训练的过程中，父母需要引导孩子，不要触碰排泄物。如果禁止孩子产生这样的欲望，则是不明智的。父母可以让孩子替换成一种可接受的方式，可以让孩子随心所欲地摆弄沙泥、颜料、黏土（可以用棕色的）和水，这种方法很有效。

缺乏训练有时也会弄巧成拙。如果完全放任孩子自己排便，孩子弄湿、弄脏衣服的情况可能就会持续很长一段时间，他们可能会错过学会正确排便以后带来的满足感。等孩子到了一定的年纪，父母就应该把自己的期望清楚而亲切地告诉孩子："在你还是小宝宝的时候，可能会随时大小便，但现在你长大了，我们想让你到厕所里去排便。"

有关性的问题

在性教育方面，父母不要让孩子太早、太多地接触这方面的信息。对孩子提出的各种有关性的问题，父母可以坦率地回答，但答案不必像产科课程那样详细，只需要用简洁的一两句话表达即可，而不必长篇大论地讲解。

当孩子问到有关性的问题时，就到了应该告诉孩子这类知识的适当年龄了。如果一个两三岁的男孩指着他的生殖器问："这是什么？"这个时候就是告诉他答案的最好时机，父母可以回答他："这是你的阴茎。"虽然孩子可能会把阴茎称为"嘘嘘"或"小鸡鸡"，但成年人应该说出正确的名称。

如果孩子想知道宝宝是从哪里来的，父母不应该告诉孩子说，宝宝是从医生的包里来的、从医院来的、从超市来的、从商店邮购或由鹳鸟送来的，父母要告诉孩子："宝宝是在妈妈身体里一个特殊的地方长大的。"父母要根据孩子是否会进一步提问题，再确定有没有必要在这个时候告诉孩子这个特殊的地方是子宫。

一般来说，从幼儿时期开始，孩子就应该学习身体器官的名称和功能，还有两性之间的身体结构差异。父母所做的解释中，不要涉及植物和动物。

有两个问题，几乎困扰着所有学龄前儿童：怎么才能孕育一个宝宝？宝宝又是如何出生的？父母在给出解释之前，最好先听听孩子自己的理解。孩子的回答通常会涉及食物和排泄。有个聪明的孩子解释说："好宝宝是由好的食物变成的，先在妈妈的肚子里生长，然后从她的肚脐眼里蹦出来；坏宝宝是由坏掉的食物变成的，他们是从是拉便便的地方出来的。"

父母的解释应该是实事求是的，但不需要对性爱过程进行详细描述：.

> 如果爸爸和妈妈想要一个孩子，爸爸身体里面的一个细胞就会和妈妈身体里面的一个细胞结合，宝宝就开始生长。当宝宝长到足够大的时候，就会从阴道里出来。

孩子有时候会想看看他是从哪个地方生出来的，父母可以画一个人体图，或者用一个玩偶娃娃来演示。

父母的回答可能只会暂时让孩子满意，孩子可能还会问同样的问题，或者问更多的问题。如果孩子问："宝宝是怎么生出来的？"父母可以给他一个更详细的答案："爸爸让宝宝从妈妈的身体里长出来。爸爸的身体里有一种液体叫作精液，里面含有许多特别小的精子细胞。一个精子细胞会与妈妈身体里的一个卵子细胞结合，两个细胞结合到一起，就有了宝宝。"

孩子接下来可能会问："爸爸的细胞是怎么进到妈妈的细胞里的？"

同样，父母应该先问问孩子对这件事的看法。孩子可能有"种种子"（爸爸把种子种到妈妈身体里）、"吃种子"（爸爸让妈妈吞下一个果核）、授粉（风把种子吹到了妈妈身体里）、手术（医生通过手术把种子种到妈妈身体里）等各种说法。

然后父母就可以对孩子的问题进行简单回答："精液从爸爸的阴茎里流出来，流到了妈妈的阴道里。"这时候，父母要强调精液和尿液是不同的："尿液是身体里排泄出来的废物，而精液是携带着精子细胞的液体。"

接下来孩子可能会问："妈妈和爸爸什么时候生宝宝？"父母只要给孩子一个简单的答案就足够了："爸爸妈妈会选择一个让他们感到舒服的时间，然后单独待在一起，这时候就可以生宝宝了。他们彼此相爱，想要生一个心爱的宝宝。"这时需要补充的是，这段时间爸爸妈妈在一起是一件很私密的事情。

有些男孩会希望爸爸也能生孩子，他们会问："为什么不是妈妈的卵子进入爸爸的身体里？"对此，父母就可以解释说："女性的身体里有一个地方——子宫，宝宝可以在里面成长，但男性的身体里没有。""为什么呢？""因为男性和女性的身体构造不同。"父母要向孩子保证，孩子也需要有一个爱他们、保护他们的爸爸，这是很有必要的。

赤裸的身体

婴儿看到或触摸妈妈裸露的乳房，就会刺激产生吮吸反应。儿童看到裸体的妈妈或爸爸，可能会刺激产生性兴奋。这是不是意味着，父母要谨言慎行？事实并不是这样。但这确实意味着，父母需要隐私，不仅是为了自己的安宁，也是为了孩子的正常发展。父母在洗澡或穿衣服时，孩子偶尔会过来打扰，父母不应该鼓励这样的行为，要特别小心，不要让孩子以为，父母希望他们来探查自己的身体。

父母知道孩子对人体很好奇，他们会找机会观察小男孩和小女孩之间的差异，也会偶尔瞥父母一眼。他们希望能看到更多。对他们的好奇心，最好是坦然接受，但要坚持保护自己的隐私。

> 你想知道我的样子，但在洗澡的时候我喜欢一个人待着。我可以告诉你大人是什么样子的。你可以问，我会回答你。

这种方法对孩子的好奇心发展不会产生阻碍，只是将其引向一个更容易被社会接受的渠道。满足好奇心不是通过观察和触摸，而是通过语言表达。

如果孩子出现自慰

在童年时，自慰可能会让孩子觉得很舒服，但肯定会带给父母冲击。通过自慰，孩子在孤独时可以自我关爱，在无聊时可以自我娱乐，在被拒绝时可以从中自我安慰。对父母来说，孩子的这种行为带给他们隐隐的焦虑，以及明显的担忧。父母听说过、读到过甚至亲身经历过，知道自慰是无害的。这种行为不会导致疾病，但会让人产生焦虑情绪。

从理论上，父母都知道自慰可能是正常性行为发展中的一个阶段；但从情感上，父母对孩子的这种行为很难接受。也许，父母不认可孩子自慰的行为，这种看法也并不是完全错误的。

自我满足可能会让孩子不容易受到父母和同伴的影响。当孩子通过这种捷径来满足自己时，他只需要取悦自己，不需要再取悦任何人。不需要太多的努力，也不需要别人的帮助，他就可以把乐趣掌握在自己手中。"自慰的问题在于，一个人无法通过这种方式，遇见有趣的人。"这句话不无道理。

持续的自慰，可能很容易让孩子在遇到不幸和失败时，就马上去寻求安慰，沉溺其中不再努力，最终一事无成。

　　孩子能不能融入社会，取决于他们是否愿意推迟或放弃眼前的、暂时的满足感，以获得父母和（未来的）社会认可的、更持久的满足感。父母的疼爱和关怀，能满足并创造出孩子对爱和接纳的需求。因此，为了获得父母熟悉的关爱和支持，孩子更愿意改变自己的行为。

　　对孩子这种自我放纵的行为，父母可能需要稍微施加一些压力，不是因为这种行为本身是不健康的，而是因为这种行为不是渐进的，无法建立人际关系，不利于孩子个人成长。父母施加的压力一定要适中，否则将会适得其反、事与愿违。

　　对这一问题的解决之道就在于，要让孩子沉浸在父母的关爱中，让孩子满怀对外界的兴趣，这样一来，自我满足就不再是孩子获得满足感的唯一方式。孩子主要的满足感应该来自人际关系和取得的成就。在这种情况下，偶尔的自我满足就不是问题了。

禁忌游戏

孩子喜欢研究自己的身体，还喜欢探索彼此的身体。这种求知欲是不容易被满足的。生理结构上的差异让孩子感到困惑，这促使他们一次又一次地想要证实自己的身体器官正常。

即使了解了部分事实，孩子可能还是会继续相互探索。他们发明了各种游戏，比如，扮演医生或过家家，这种方式让他们的探索显得更合理。即使是对性启蒙很开明的父母，面对孩子这种情况，也很难进行处理。他们不知道应该如何为这些活动设定一个明确的限制。在当今时代，有些父母甚至怀疑，对于孩子这种情况，自己是不是应该干涉，因为他们害怕会伤害自己孩子未来的性生活。

一个两三岁的小女孩好奇地观察一个小男孩是如何撒尿的，这在生理学方面是很正常的。在幼儿园里，孩子共用一个厕所，可以通过直接观察来满足好奇心。然而，到了一年级，孩子会分开上厕所。孩子如果还想继续偷看和观察，就不能再仅仅解释成孩子对性别差异的好奇了。如果孩子特别渴望这样做，而且长期坚持这种做法，就说明孩子内心很焦虑，需要帮助，父母不能允许孩子沉溺其中。此外，孩子的真正需求，不可能通过观察和触摸来得到满足，因此，对于偷窥的孩子，最重要的是，要对这种行为加以限制——要用善意和公正的态度来设定限制，并且坚决执行这些限制。

如果父母看到一个男孩和一个女孩脱掉了裤子却穿着上衣时，不应该问他们："你们在做什么？"父母不应该羞辱或责骂孩子，也不应该给他们提供一个简单的借口或寻找一个虚假的托词，比如："你们不觉得在风中光着身子走动太冷了吗？"父母应该告诉孩子把衣服穿好，玩点儿别的游戏。

父母在处理这一类问题时，要保持冷静，不用责备的态度，可以在不伤害孩子对性和爱的兴趣的情况下制止孩子的性尝试。

脏 话

　　没有父母会真的希望自己的孩子对同龄人说的脏话完全不懂。那些脏话含有禁忌词，会让孩子觉得自己很酷。如果在秘密聚会时说出一连串脏话，孩子就会觉得自己像刚刚发表了独立宣言一样了不起。

　　对那些脏话中的词语，父母应该给孩子描述和解释，也应该坦率地表达自己对这个问题的感受。妈妈可以说："我一点儿也不喜欢这些话，但我知道男孩子会说。我不想听到这些话，你们可以在更衣室里私下说说，但在我们家不能说。"

　　同样，我们承认并尊重孩子的愿望和感受，但要限制并引导他的行为。

第十章

性别角色和社会职能

身份认同和生理使命

　　为了完成自己的生理使命，男孩需认同爸爸的身份，女孩需认同妈妈的身份。身份认同是男孩成为男人、女孩成为女人的决定性步骤。如果父母和孩子的关系建立在尊重和关爱的基础上，那么身份认同就会很容易。父母在赢得孩子喜爱的同时，也会促使孩子萌生出想要模仿其性别角色的愿望。对此，父母先要明确自身的性别角色。

　　在一些社会中，妈妈的作用界定得比爸爸的作用更为明确。妈妈就意味着要照顾孩子、要为孩子换尿布、要抱孩子、要疼爱孩子、要陪孩子玩耍、要保持微笑、要陪孩子聊天、要关心孩子。需要母性关怀是由人类生理因素决定的。缺乏母爱会危及孩子的心理健康。相比之下，爸爸的角色则涉及更多的文化因素。从生物学角度来看，爸爸的贡献在孩子出生前就已经结束了。爸爸的其他行为是由社会背景决定的。例如，在一些社会背景下，爸爸扮演着宽容的老师角色，而抚养孩子的责任则由妈妈来承担。在另一些社会背景下，爸爸则更严厉地教育自己的孩子。

　　在当今社会中，爸爸的角色和地位往往是不确定、不明确的。比如，在一些家庭中，爸爸对家庭生活参与度不高：他早上会急匆匆出门，消失一整天，晚上疲惫地回来。周末时，爸爸不是去打高尔夫球，就是看电视或修剪草坪，孩子很少有机会和爸爸一起参加有意义的活动或者聊天沟通。

这样一来，妈妈就成为家庭中的主导人物，成为主要的管教者。这改变了妈妈传统的身份定位。过去，妈妈代表着关爱和同情，爸爸则代表着纪律和道德。孩子，尤其是男孩子，他们的良知主要是从爸爸那里学来的。这就是爸爸的内化形象，爸爸会警告孩子远离诱惑，责备他们犯下的过错。因此，爸爸是连接家庭和社会的纽带。

而在现代家庭中，妈妈和爸爸的角色不再那么泾渭分明。许多女性走出家庭，参加工作，许多男性则参与了抚养孩子的活动，如喂奶、换尿布以及给宝宝洗澡等。

尽管有些男性欣然接受了这一事实，借此机会来和孩子更加亲密地接触，但这样做也存在如下风险：孩子可能认为自己拥有两个妈妈，而不是拥有一个妈妈、一个爸爸。

爸爸的角色

孩子需要有一个能承担起责任的爸爸。男子汉气概不是通过正规的学习课程获得的，孩子需要在日常生活中从作为榜样的爸爸那里不断学习。从婴儿时期起，孩子就需要意识到自己有一个爸爸，他可以保护自己远离危险。

孩子有三个危险时期，特别需要爸爸的指导：在受到来自外界的威胁时，在受到内心恐惧的困扰时，在受到妈妈的过度保护时。对小孩子来说，外面的世界是一个很危险的地方。为了生存，他需要保护好自己。

当面对愿望和幻想时，孩子也需要爸爸来帮助他应对。每个小男孩都想独享妈妈的爱，因为无法容忍任何竞争对手，他在幻想和梦境中摆脱了爸爸和兄弟姐妹。这些幻想可能是暴力的，梦境也可能会变成噩梦。有时因为不能把愿望和现实行动区分开，孩子会变得非常害怕，不知道自己的想法会不会成为现实。在这种时候，爸爸的身份就是双重的：他要同情地对待孩子的沮丧、愤怒和恐惧等情绪，同时，还要用无声的力量，向孩子表达安慰："孩子，别担心，我不会让那些可怕的场景出现的。"

　　正如爸爸必须保护妈妈一样，爸爸也必须保护孩子，同时不让孩子被妈妈过度保护。这并不是说所有的妈妈都会对孩子过度保护，但有些妈妈仍喜欢在孩子的成长过程中给予过度保护。爸爸的职责是为孩子提供爱，这种爱不仅是庇护，也是解放。妈妈的爱让孩子知道，他是可爱的；爸爸的信任则告诉孩子，他是能干的。由于爸爸在成长过程中受到的约束比较少，因此爸爸比妈妈更容易允许孩子尝试独立。爸爸愿意见证和认可孩子的新尝试，鼓励孩子自由成长。

　　给予孩子信任和信心并不要求固定的环境，爸爸的态度可以在任何时间、任何地点表现出来。爸爸在表达这种态度时，不一定需要孩子在体育活动或者业余爱好方面具备特殊的技能，但要具备感知孩子需求的能力，而且要有充当孩子坚定向导和友好监护人的意愿。

男孩和女孩的标准

在完成不同的生理使命的过程中，男孩和女孩都需要帮助。父母能提供的帮助，就是不用同样的行为标准来要求男孩和女孩。男孩可以更吵闹些，因为他们更有活力，同时因为社会要求他们更加自信。

妈妈和老师必须避免那些可能让男孩变得女性化的行为。男孩不应该被迫取一个女性化的名字，不应该穿紧身衣，也不应该留女孩一样的卷发。不应该期望男孩像女孩一样整洁、温顺，或者有淑女般的举止。"男孩就是男孩"这句格言是有道理的，男孩应该在激烈的男性活动中释放活力。

父母必须特别注意，不要因为没有女儿感到失望，就想让儿子变得女性化。在亲戚眼中，一个漂亮的卷发男孩可能很可爱，但对他的玩伴来说——如果他有玩伴的话——男孩有一头卷发，那他就肯定是一个娘娘腔。这种耻辱会深深地刺痛孩子，损害孩子的自我形象和他在群体中的地位。

同样，女孩也不应该因为父母没有儿子，就要为此付出代价。虽然女孩打扮成假小子，不像男孩被当成娘娘腔那么耻辱，但帮助女孩找到身为女性的快乐和骄傲，这一点是很重要的。女孩需要感受到，作为女孩是可以享受到照顾和重视的，这种感觉最好由享受女性身份的妈妈来向女儿传达。然而，父母双方都应该意识到，必须培养孩子身为男性的气概或身为女性的气质。爸爸可以赞美女儿的容貌、衣着，支持她追求女孩喜欢的东西，但不应该让女儿参加粗鲁的游戏，以免女儿产生这样的感觉：如果她是个男孩的话，爸爸可能会更爱她。

在家庭生活中，有充分的机会可以让孩子证实这样一个基本事实：男性和女性拥有不同的身份，他们彼此需要，互相扶持。

男性和女性的教育

　　男性或女性的教育在出生之初就已经开始了，然而，不应该过早地强迫孩子适应与其性别相对应的身份。在上小学之前，男孩和女孩都喜欢玩洋娃娃，还都愿意做"妈妈"这个身份应该做的工作。这是很正常的，尽管有些父母看到 5 岁的儿子玩洋娃娃的时候会感到很震惊。

　　学龄前的男孩和女孩如果想要玩同样的玩具和游戏，父母应该允许他们玩。在这个年龄阶段，不需要对男孩和女孩的游戏划出明显的界限。爸爸不要尝试着把四五岁的男孩培养成拳击冠军，因为这个阶段的男孩可能更喜欢玩娃娃屋。不论是男孩还是女孩，学龄前儿童都应该既能玩女孩的游戏，也能玩男孩的游戏，父母不应该对孩子进行批评反对，让孩子产生忧虑。

　　在上学以后，性别差异受到了重视。男孩和女孩应该有不同的兴趣和抱负。男孩需要在男同学的活动中获得威信，而女孩则想要在女同学的活动中赢得赞誉。通过在文化上被区分为男女不同的兴趣和活动，孩子对自己的性别角色认同得到了强化。

　　上学期间是加强父子关系和母女关系的大好时期。这时候妈妈应该趁机向女孩讲解烹饪和其他家政艺术。女孩可以学习烹饪、烘焙，也可以学习缝纫、编织和打理家务。对于孩子有时笨手笨脚的情况，父母应该给予充分的宽容。这时要强调的是做家务的乐趣，而不是追求完美带来的痛苦。这是妈妈向女儿传达作为女性、作为妻子和母亲的满足感的黄金时段。

爸爸也应该对儿子愿意与他相处表示欢迎，欢迎儿子愿意像他一样走路、说话和穿着。对于这些模仿，爸爸不应该嘲笑，而应该鼓励。孩子对爸爸语言和举止的模仿，也可能会导致孩子效仿爸爸的兴趣和价值观。在父子的亲密接触中，爸爸要向儿子示范，在家庭和社会中，作为男性意味着什么。孩子在家庭以外的场合看到爸爸的努力和奉献，会感到非常自豪。在爸爸的工作场所、在公共场所和其他活动中，孩子和爸爸一起度过，会让孩子意识到男性对工作和社会所怀有的兴趣和自豪感。

不同的家庭模式

让孩子认同自己身份的最好方式，就是父母尊重自己和彼此的性别角色。他们通过日常生活细节的潜移默化，向孩子表明男性气概和女性气质的价值。

在有些家庭中，孩子会获得这样的信息：人类的使命就是要在世界上留下自己的印记，在时间长河中和未来世界中留下痕迹。这样的氛围孕育着在艺术和科学领域探索、发现和取得成就的伟大梦想。女孩也被期望为社会做出贡献。如果父母双方能够满意地接受彼此不同的身份，欣赏彼此的地位，并能分享彼此的成就，这种观点就是成功的。

在另外一些家庭中，孩子接收到不同的信息。如果女性对抚养孩子和做家务感到厌倦，或者丈夫不理解作为妻子和妈妈所需要面对的难处和需要具有的才能，孩子可能会轻视女性的传统身份。在这样的家庭中，女孩可能会变得争强好胜。

在性别角色颠倒的家庭中，不管是说话还是做事，都由女性来决定。妈妈可能是家庭的主要经济来源，也可能她没有经济收入，但在所有重要事项上，她都是最终的决策者。正如一位丈夫所说："我决定大事，比如，是否应该向私人企业征收增值税。我妻子决定小事，比如，买什么车、住什么房子、送孩子上哪所大学。"在这样的家庭中，丈夫似乎不愿意成为一家之主，如果孩子向他询问要怎么做决定，他通常会回答："去问妈妈。"

在这样的家庭中，孩子受成长过程的影响就会对男性缺乏尊重或钦佩。男孩和女孩都以妈妈的视角看待爸爸：一个可爱但"羽翼未丰"的大男孩、一个性格温和的冒失鬼、一个滑稽可笑的男人。

无论是儿子还是女儿，都会受到弱势爸爸和强势妈妈的影响。男孩可能会过犹不及，通过酗酒等行为来证明自己的男子气概。女孩在选择伴侣时，通常会重复自己原生家庭的模式，然后在下一代中沿袭。

培养独立的儿子和女儿固然重要，但将儿子培养成男人、将女儿培养成女人更加重要，不能忽视。

在追求男女性别平等的同时，父母也不能忘记，某些生理功能是不可改变的，改变的后果，是对社会和心理都会产生影响。虽然社会职能不必狭隘地按照性别来划分，但也不能完全脱离性别影响。大多数女性会成为妻子和母亲，她们接受的教育和她们个人的期望是让她们能够从这种身份中获得满足感。当然，有些女性也可能会选择不同的身份：她们可能想要成为机械师、水手或宇航员，也可能想要经营企业，或者竞选国会议员。不论男女，都应该有足够的灵活性，可以在任何职业或身份中获得满足感。

第十一章

需要专业帮助的孩子

　　一些孩子没有严重的心理障碍，但在面对紧张的情况或者内心冲突时，也会表现出不安的情绪。他们可能会出现恐惧、做噩梦、咬指甲、故意挑衅兄弟姐妹、抽搐和发脾气等各种症状。一般来说，这些孩子都来自完整的家庭，很受宠爱，由慈爱的父母抚养长大。父母可能对这些孩子过度保护、溺爱或过度强势。这些孩子及其父母可以从专业帮助中受益。

　　有些孩子患有更为严重的心理疾病。他们嫉妒心强，充满敌意，有暴力倾向。要想成长为正常人、具备工作能力，这些孩子就必须接受专业帮助。

　　对这些孩子的简单描述，包括需要专业帮助的孩子，可以从专业帮助中受益的孩子。

需要专业帮助的孩子的分类和具体表现

第一，兄弟姐妹间的竞争过于激烈。对兄弟姐妹怀有强烈仇恨的孩子，需要专业帮助。

这些孩子的嫉妒心已经渗透到他们的个性中，影响着他们的整个生活。他们寻求的是独占的关注，似乎想要摧毁所有被视为竞争对手的人。对兄弟姐妹，他们会进行语言攻击。他们似乎完全无法分享成年人的关爱，无论那个成年人是他的父母，还是老师。他们也无法分享"财产"。在聚会时或在家里，他们会毫不犹豫地把大部分冰淇淋、糖果、蛋糕或玩具占为己有，他们宁愿把自己用不上的东西藏起来，也不愿分享。

这些孩子的竞争意识特别强烈，迫切地想要超过其他人。如果不能光明正大地赢得胜利，他们就会不择手段地赢，总之他们必须赢。竞争变成了他们的生活方式，超过别人变成了他们的人生目标。这些孩子的嫉妒心如果在童年时期不能减弱，他们可能一生都会把别人当作兄弟姐妹的替身来对待。即便是生活中鸡毛蒜皮的琐事，他们也会争个你死我活。每一次比赛输了或是做生意亏损了，都会被他们看作对自己地位的毁灭性打击。他们开车一定要超过其他车辆，下棋必须赢，否则就会感到压力和失败。

正常的孩子当然有时也会嫉妒自己的兄弟姐妹，但他们的嫉妒心理既不会经常发作，也不是性格中最主要的特征。他们可能会觉得兄弟姐妹得到了父母更多的关爱，也可能会因此和兄弟姐妹争夺父母的关爱。但如果父母也给予了他们关爱，他们就能很容易感觉到安心。他们可能也喜欢竞争和超越别人，但他们也能享受这种竞争的乐趣。此外，如果失败了，他们也能够接受，而不会感到特别痛苦。

第二，极具攻击性的孩子。充满了敌意的孩子需要专业帮助，以彻底评估这些敌对行为的含义。造成敌对行为的原因可能有很多种，因此有必要针对每种特定情况，找到攻击行为产生的原因，这样才能根据原因和具体情况进行适当的处理。

一些孩子的攻击性并不会随着表达而减弱，他们对自己的破坏行为也不会有明显的负罪感。在这些孩子中，有些人极端残忍，却没有表现出明显的焦虑或悔意。他们似乎缺乏同情心，对他人的利益毫不关心。似乎没有什么能打动这些孩子，责备和批评对他们几乎没有影响，他们似乎对别人如何看待自己也无动于衷，即便受到惩罚、感受到痛苦，也不能促使他们改正错误。这些孩子需要专业人士的帮助。

有些孩子只是偶尔会表现出攻击行为。这种攻击行为可能只会出现在家里，而不会出现在外面；或者反过来，只出现在学校，而不会出现在家中。这种行为被称为反应性敌意。如果在现实生活中或者在想象中遭受了父母的虐待，孩子产生的反应就是打架、逃学或者其他具有破坏性的行为。因为他们觉得父母辜负了他们，这些孩子对所有的成年人都持怀疑态度。他们会害怕成年人、不信任成年人的善意，拒绝他们的好意。要和这样的孩子建立关系，并不是一件简单的事情。如果治疗师能够赢得孩子的信任，并且能和孩子在相互尊重的基础上建立关系，就能让有这种表现的孩子在治疗中受益。

正常的孩子偶尔也会做出一些破坏行为，或者是出于好奇心，或者是为了发泄旺盛的精力，也有些则是由于受到挫折。他们可能会出于好奇或愤怒而破坏自己的物品，但对其他孩子的物品，则会很小心。正常的孩子对自己的物品并不会太讲究，如玩完游戏后也可能不把玩具收拾好。他们让别的孩子玩自己的玩具时，也不会担心会损坏玩具。即使弄坏了一个玩具，他也不会感到沮丧，而是会不以为意地开始寻找另一个玩具。他甚至觉得没有必要整理房间，实际上，他玩完玩具后可能就会走出房间，对自己留下的一地狼藉根本不在意。

第三，习惯性偷窃。有长期偷窃史的孩子需要专业帮助。长期偷窃是一种严重的症状，通常代表着对权威的强烈怨恨。这些孩子中，有的甚至完全无视或蔑视财产权，只要一有机会，他们就会小偷小摸，甚至会有较为严重的偷窃行为。他们可能在家里、学校、营地、超市或邻居家偷东西。对他们的治疗可能是一个很漫长的过程，这么深刻的敌意，想要根除不容易。

只在家中偷东西的孩子不属于这一类。从妈妈的钱包里偷东西，可能是孩子想要寻求关爱。正常的孩子偶尔也可能在外面小偷小摸。他们可能会拿走水果和糖果，或者不归还"借来"或"捡到"的东西。

弗兰西斯·伊尔克和路易丝·埃姆斯在《儿童行为》一书中指出：

> 5岁时，（孩子）更喜欢一便士而不是半美元……6岁时，他会被一些小饰品的美丽吸引，然后在你眼皮底下把东西拿走，却会在被指责时矢口否认。7岁时，他对铅笔和橡皮非常迷恋，他想要把特别特别多的铅笔和橡皮放到触手可及的地方。到了8岁，厨房抽屉里的零钱确实是一种诱惑，因为他开始懂得什么是钱了……还知道钱能买到什么。当偷东西被发现时，他受到了惩罚和告诫。他可能会为自己找借口，辩解说他"不是故意的"，并且保证他再也不会这样做了。但有一天，偷窃的事情又一次发生了。

不过，这种行为只是暂时的，只会持续很短的时间。随着年龄的增长，孩子逐渐认识财产权并开始尊重财产权。

第四，近期创伤。经历了突发灾难的孩子即使在没有潜在性格障碍的情况下，也可能会出现严重的症状。孩子在遇到火灾、车祸或亲人去世时，容易产生焦虑反应，此时需要专业帮助。

对这些孩子，要及时进行治疗。如果有善解人意的成年人在场，孩子能够通过玩具表演重现，同时通过语言讲述让自己感觉害怕的记忆，这样一来，孩子因为最近发生的灾难引发的焦虑就可以减轻。

安娜·弗洛伊德在她的《战时的幼儿》一书中，描述了伦敦轰炸期间，孩子和成人的不同反应。经过一夜的轰炸后，成人觉得需要一遍又一遍地讲述自己受到的惊吓和那段惊恐的经历，而经历了同样事件的孩子则很少谈论这件事。他们的恐惧和紧张在游戏中表现了出来。

他们用积木搭建房子，然后向房屋上面投掷"炸弹"，模仿警报声呼啸着响起，火焰肆虐，救护车运走了伤员和死者。一连几个星期，孩子都在通过这种象征性的重演来表达他们的震惊和恐惧。只有在经过如此长时间的象征性重演后，他们才能在毫无恐惧和焦虑的情况下谈论自己的感受。

心理治疗提供了一个合适的环境、适当的材料和一个富有同情心的成年人，在孩子最需要的时刻来提供帮助。治疗师通过游戏和语言，让孩子重新体验那些可怕的事件，从而帮助孩子消化和掌控自己的恐慌和焦虑情绪。

第五，不正常的孩子。当小孩子表现出一些怪异的行为迹象时，就需要专业帮助，以确定其是否存在严重的精神障碍。心理发育不正常的孩子与其他孩子有着显著的不同。这种孩子性格孤僻、自我封闭，在自己家里就像个陌生人。这些孩子不会主动接近任何人，当有人接近他时也没有反应。对于别人的友善和愤怒，他都无动于衷。他的回应没有任何变化：没有感兴趣的表情，没有愉悦的微笑，也没有悲伤的叹息。

如果要和妈妈分开，他可能会表现得很冷漠，面无表情，随便谁牵着他的手，他都会跟随那个人走。或者，他可能会极度恐慌，紧抓住妈妈不放手，仿佛一分开就会消失。其他孩子在分离时可能会哭泣，然而，被拥抱和安慰以后，孩子就会慢慢停止哭泣。而不正常的孩子哭起来，不管用什么方式安抚，都无法让他停止哭泣。

不正常的孩子似乎对周围的世界漠不关心。他可能会长时间保持一个固定的姿势，或者来回活动。他主要关注的是自己的身体，可能会在公共场合小便，弄脏自己也不会感到尴尬。他可能会把唾液涂抹到自己和别人身上。他不会区分什么东西能吃、什么东西不能吃，而是不分青红皂白地把所有东西都塞进嘴里。

不正常的孩子可能会一连几个小时重复做一件事。他可能会摆弄一根绳子、开关抽屉、扯头发、拉耳朵，或者把手指插进墙缝里。他还会对单调的事情感兴趣，比如，转轮子、反复按开关按钮，或者来回转动门把手。他比较喜欢玩积木和珠子，还要坚持按照完全相同的图案和顺序进行排列。他对房间里玩具的种类、数量和位置都记得非常清楚，如果这些玩具被放错了地方或者被损坏了，他会非常生气。如果把物品恢复到原来的状态，他就会收起眼泪，停止发脾气。

不正常的孩子对身体疼痛也可能会做出奇怪的反应。他可能会在没有任何征兆的情况下沉迷于自残，他可能会用头撞墙，或者割伤手流血不止。他对疼痛的唯一反应，可能就是露出怪异的微笑，或者发出空洞的笑声。任何试图给予他同情的行为都不会得到他的回应。

即使可以说话，不正常的孩子也对交流没有兴趣。他说话的内容和当时的场合完全没有关系。如果对他直接提问，他可能会像鹦鹉学舌一样重复问题。也有些不正常的孩子，一直不会说话，对所有的催促都完全无动于衷。

可以从专业帮助中受益的孩子

第一，完美到不太真实的孩子。有些孩子似乎太完美了，不像是真实的。他们听话、守规矩、爱干净；他们担心妈妈的健康，关心爸爸的工作，还很愿意照顾弟弟妹妹。他们的一生似乎都在取悦父母，几乎没有精力和同龄的孩子一起玩耍。

在学校里和在邻居中，这些孩子可能还会继续保持这种乖巧的行为。他们会表现得听话温顺，对那些让他们害怕的老师，他们会花时间和精力去讨好。他们可能会带给老师好看的苹果，给老师画画，或者自愿擦黑板。从开学第一天起，他们就会夸赞老师是个多么好的人，他们多么爱戴老师。不能从表面上看待这些表达恭维和敬爱的话，这些孩子也可能会对陌生人说同样的话。这些甜言蜜语可能是他们表达自己情绪的一种方式，他们害怕自己产生冲动情绪，也对他人可能会报复自己充满了恐惧。

这些孩子的一个常见症状是慢性疲劳。在乖巧的面具之下，隐藏着许多"不好"的冲动。把敌对冲动转化成天使般行为的努力，以及维持这种假象所需要的时时保持警惕，已经消耗了这些孩子的生命能量，难怪他们会筋疲力尽、疲惫不堪。

心理治疗能给这些孩子提供一个有效的环境，来帮助他们改变过度顺从的行为。这个环境会鼓励孩子放弃盲目的顺从，变得自信起来。通过观察和体验，他们会知道没有必要讨好别人、贬低自己；他们会逐渐允许自己的冲动得到一些表达；他们开始发现自己的需求，了解自己的感受，并且确立自己的身份。

第二，不成熟的孩子。这里所说的是那种需要像婴儿一样被照顾和疼爱的孩子，而不是成长中的孩子那样，有着自己的想法和需求。

这些孩子被溺爱，被过度保护，对家庭这个庇护所之外的现实生活，根本不知道要怎么面对。他们几乎没有机会了解别人的需求和感受，也很难和别人分享自己的东西，他们也不愿意延迟享乐。他们被宠坏了，想要什么就必须马上得到什么。他们会对父母、兄弟姐妹和玩伴表现出过度依赖，因为他们不断寻求别人的关注、帮助和认可，让所有人都感到很厌烦。他们不愿意自己努力，而希望享受别人的服务。他们可能会要求别人给他们穿衣服、要求别人照顾他们。这些一直像婴儿一样的孩子经常会卷入冲突之中：他们在家里制造紧张气氛，在学校里引发混乱，在邻里间引起争吵。

在一个精心挑选的群体中对不成熟的孩子进行心理治疗特别有用。这种群体会为孩子成长提供所需的动力和支持，同时会提供一个安全场所，让孩子尝试新的行为模式。在这个群体中，孩子会了解自己的哪些行为是不被社会接受的，哪些行为是符合社会预期的。这样一来，孩子会努力调整自己以符合同龄人的标准。在这种群体中，孩子能学习到各种基本的社交技巧，如分享物品、参与活动，以及获得友善的成年人的关注。他们学会了竞争与合作，学会了争斗和解决争斗，学会了讨价还价和妥协。这些技巧使这些孩子能够在平等的基础上与同龄人相处。

第三，过于内向的孩子。这些孩子可以这样描述：害羞、胆小、听话、孤僻、拘谨、沉默寡言以及温顺。他们很难表达喜爱和厌恶之类的普通情感，朋友很少，避免社交，不爱玩乐。在人际交往中，他们会感到不自在，他们会避免和人见面，避免交朋友。他们总是希望别人先主动表示友好，但即便如此，他们也可能不会做出友好的回应。

过于内向的孩子会发觉，和学校里的老师或班里的同学建立联系真是太难了。被要求回答问题时，他们会觉得非常窘迫，可能只会用"是"或"不是"来回答，或者根本不会回答。他们经常会一整天都静静地坐着，凝望着天空。在操场上，他们独来独往、漫无目的地四处游荡。在玩耍时，他们也会选择那种安静、安全的活动，一般这种活动都不需要和别人互动。当不得不和别人进行社交接触时，他们内心的焦虑甚至可能达到恐慌的程度。

通过心理治疗，过于内向的孩子可以得到帮助。面对亲切的成年人、诱人的工具以及精心挑选的群体成员，他们很难继续缩在自己的保护壳里。这样的环境可以促使孩子快速从孤立状态中解脱出来，也可以鼓励他们更加自在地和其他孩子玩耍、交流。

第四，过于胆小的孩子。一项研究发现，超过90%的孩子至少会有一种特别害怕的东西。3岁孩子最害怕狗，4岁孩子最害怕黑暗。这些恐惧会随着年龄的增长而减少，到8岁时几乎完全消失。正常的孩子害怕的东西还有消防车、警报器、地震、绑架、飙车、蛇和高处。有些孩子在面对这些状况时会出现轻微的忧虑，但如果有父母在场，他们就不会回避。也有些孩子则希望晚上睡觉时能留一盏灯，或者在消防车经过时会表现得很紧张。

有些过于胆小的孩子需要专业帮助。这些孩子长期保持着强烈的恐惧感，他们的反应强烈得可以很明显地看出来。有些让他们感觉害怕的事物显然不合常理，比如，天可能会塌下来、闪电可能会击中房子、全家人都会被洪水冲走等。他们会焦虑不已，会被吓得浑身瘫软、完全动弹不了。而让他们害怕的人和事无穷无尽。

有些孩子有强迫性洁癖。对他们来说，他们看到的整个世界都很脏，他们必须小心翼翼，以免被污染。他们很害怕手上或衣服上会沾到哪怕一点点灰尘，如果有脏东西却不能立即洗掉，他们就会感到非常不安。也有些孩子则会害怕巨大的噪声、恐高、害怕陌生人、怕黑暗的角落、怕小虫子或者大型动物。他们会避开可能存在危险的地方或活动，以此来避免焦虑。所以，他们可能不会靠近水边，不会爬梯子，或者拒绝待在黑暗的房间里。

在治疗过程中，孩子可能会参与一些活动，这些活动需要过于胆小的孩子来应对他的恐惧。他们可能会用有噪声的玩具枪进行射击、用手指蘸着颜料画画、把自己涂得满身泥，或者把灯关掉待在黑暗中。过于胆小的孩子要面对自己的问题，没办法逃避。治疗师可以在孩子表现出恐惧反应时及时进行处理。治疗师会帮助孩子重现和倾诉让他们极度恐惧的东西，逐渐缓解他们心中模糊的焦虑感。

第五，女性化的男孩。有些男孩没有爸爸，或者家中有众多女性成员，他是唯一的男性。这些男孩有时需要专业帮助。这些家庭中的身份认同类型几乎都是非男性化的，这些男孩不可避免地可能会承担一些女性分内的事。他们可能缺乏文化中对男孩期望的那种典型的攻击性。他们可能会回避粗暴的游戏，或者无法自在地和其他男孩交往，而和女孩待在一起时会感到更舒适。这样的男孩通常会受到其他孩子的粗暴对待，会被起绰号、被攻击、被霸凌。他们在社会上容易被污名化，在情感上也容易受到伤害，长大后可能无法成为一个正常的成年人。

这些男孩需要专业帮助，治疗师可以为他们提供一种理想的身份认同模式，鼓励他们保持自信，激发他们性格中的阳刚之气。

第六，抽搐和怪癖。有些孩子会一直做些让父母很厌烦的习惯动作，如眯眼睛、吸鼻子、做鬼脸、抽搐、挖鼻孔、揉眼睛、清嗓子、耸肩、咬指甲、吮拇指、掰指关节或者跺脚。这些扭曲的动作和举止非常明显、怪诞，引得旁人不得不关注。这样发展下去，手指可能会变形，皮肤可能会水肿，指甲可能会被咬秃。而且，他们还会用鼻子、喉咙、指关节和脚时不时发出刺耳的声音。这些孩子需要专业帮助，以确定必要的治疗方法。

正常的孩子也可能表现出各种习惯性动作，然而，这些表现并不会长久存在，大多只会出现在孩子过度疲劳、困倦、心事重重或情绪紧张的时候。

第七，遗尿（尿床）和遗粪（失禁）。据估计，大约有 10% 到 15% 的孩子在 4 岁之后仍然会尿床。其中，有些孩子白天也会尿床，有些孩子曾经不再尿床了，但后来又开始尿床了。

遗尿通常被认为是情绪不安的表现，只有大约 5% 的尿床是由器质性原因引起的。为了排除这些原因，尿床的孩子应该到医院进行检查。

单凭遗尿本身，并不能说明情绪困扰的程度。这种症状常见于轻度情绪障碍的孩子，也会出现在更严重的病例中。经过短期心理治疗后，有些孩子的症状会消失，有些却很难治愈。

　　如果排除了器质性原因，遗粪在三四岁以后仍然长期存在，则会被认为是情绪障碍的症状。遗粪在学龄前儿童中较常见，但在上小学的孩子和青少年中也存在。孩子年龄越大，问题就越严重。在一般情况下，遗粪是一种对父母权威的反抗，尤其是对严格的如厕训练的反抗。因此，羞辱和责备孩子可能只会带来更多的冲突和更强硬的抵抗。

　　遗尿和遗粪的症状非常麻烦，即使在症状很轻微的情况下，也应该寻求专业的帮助。无论如何，改善父母和孩子之间的关系，会对解决这些问题有帮助。